MW01045072

# My Book

*This book belongs to*

*Name:* ______________________________

Cover Design by :
MATH-KNOTS LLC

First Edition :
January, 2020

Author:
Gowri Vemuri

Questions: mathknots.help@gmail.com

# Dedication

*This book is dedicated to:*

*My Mom, who is my best critic, guide and supporter.*

*To what I am today, and what I am going to become tomorrow,*

*is all because of your blessings, unconditional affection and support.*

*This book is dedicated to the*

*strongest women of my life ,*

*my dearest mom*

*and*

*to all those moms in this universe.*

*G.V.*

# *INSTRUCTIONS:*

## *Working Memory Index:*

### #1 - Similarities:

No visual prompts are given to the child. Ask your child how the words are similar.
Based on the knowledge and expression of the child points are assigned.

Ask your child the questions and answers are provided with in parenthesis.
Answers given are an example for some words there can be more than one meaning.

### *#2 - Vocabulary sub test is defined into two parts*

### Part-A: Verbal Vocabulary: Instructions:

No visual p rompts are given to the child. Ask your child to define the words.
Based on the knowledge and expression of the child points are assigned.

Ask your child the questions and answers are provided with in parenthesis.
Answers given are an example for som e words there can be more than one meaning.

### Part B: Picture Vocabulary: Instructions:

Visual prompts are given to the child. Ask your child to define the picture.
Based on the knowledge and expression of the child points are assigned.
Answers are provided at the end of the section.

### #3 - Comprehension*:*

General knowledge of the students , regarding the general rules, responsibilities, behavior, common sense and consequences for not following them
Answers are provided next to question in paranthesis.

## *Visual Spatial*

### #4 - Block Design:

Student is given a block design pattern to make from the given blocks.
Student is tested for the accuracy and time taken.

Sample blocks are given on the first page, you may cut the page and then cut the individual blocks to practice the sample patterns.

### #5 - Visual Puzzles:

Students ability to engage their visual discrimination and interpret ation relationships are tested in this subtest.
Students are given a picture and five options. Student need to identify 3 parts which will make the complete figure.
Answers are provided at the end of the section.

## ***Fluid Reasoning:***

### #6 - Matrix Reasoning:

Students are given figures and they need to identify the missing figure from the given options. Two figures in a row have something in common, and the two figures in another row will follow the same rule

Answers are provided at the end of the section.

### #7 - Figure Weights:

Students are given figures in one or more balance scale/s. St udent need to identify the relation between the figures. Student need to process the relationship simultaneously and also need to think through.

Answers are provided at the end of the section.

### #8 - Picture Concepts:

Students are given two or three rows of various pictures. Student needs to pick a picture from each row, the identified pictures have a common relation between them.

Answers are provided at the end of the section.

### #9 - Arithmetic:

Student is tested for their inductive and quantitative reasoning and skills.

Student is asked a to solve a given question.

Answers are provided at the end of the section.

## ***Working Memory Index:***

This section tests the focus, concentration, listening skills, processing speed, short term memory

### #10 - Digit Span:

**Digit Span Forward:** Read the numbers once to your student.
Student listens and repeats the numbers.
Answer: Same as given

**Digit Span Backward:** Read the numbers once to your student.
Student listens and repeats the numbers backwards.
Answer: Same as given in the answer column

### #11 - Picture Span:

Student is shown a number of objects for few seconds and then a group of objects are shown.

Students are expected to identify the objects shown initially from the given group.

For convenience, parents can cut the page along the dotted line carefully.

Show your child the objects and then turn the page back for your child to identify the objects.

Answers are provided at the end of the section.

### #12 - Letter Number Series:

Read the string given once to your student.

Student listens and repeats the numbers in ascending order and the letters in alphabetical order

## ***Processing Speed***

### #13 - Coding A:
Key for various figures is provided on the top of the page.
Based on the key draw lines in the figures below. Student is scored based on the correct drawn symbols within a given time limit.
Answers are provided at the end of the section.

### #14 - Coding B:
Key for various figures is provided on the top of the page. Based on the key decode the string of letters given below, student is scored based on the correct drawn symbols within a given time limit.
Answers are provided at the end of the section.

### #15 - Symbol Search A:
Student looks at the figure in the first column fo r each row. Compare the figure in size, color, direction etc.. If the student finds a match then he needs to circle Y, otherwise N.

Student is scored based on the correct answers within a given time limit.
Answers are provided at the end of the section.

### #16 - Symbol Search B:
Student looks at the figures in the first column for each row. Compare the figures in size, color, direction etc.. If the student finds at least one matching figure from the given two figures then he needs to circle Y, otherwise N.
Student is scored based on the correct answers within
Answers are provided at the end of the section.

### #17 - Cancellation:

Student looks at the figure in the top row.
Student is asked to search the figures given in the top row from the given group of figures.
Put a line across each matching picture identified. (Horizontal, Vertical, or Angular line choose one option)
Student is scored based on the correct answers within a given time limit.
Answers are provided at the end of the section.

You can also use the same sheets and ask the student to figure a random picture/s that are asked

1. How are A and E alike ?( Alphabets or Vowels)

2. How are K and M alike ? ( Alphabets or Consonants)

3. How are 2 and 3 alike ? ( Numbers , Consecutive numbers or Prime numbers)

4. How are 8 and 10 alike ? ( Numbers , Consecutive even numbers)

5. How are 19 and 21 alike ? ( Numbers , Consecutive odd numbers )

6. How are dimes and quarters alike ? ( Coins , Money or Multiples of 5 )

7. How are dimes and nickels are alike ?( Coins , Money or Multiples of 5)

8. How are crayons and markers alike ? ( Things we write with , we use them for coloring or drawing)

9. How are fall and winter alike ? ( Seasons)

10. How are summer and spring alike ? ( Seasons)

11. How are hot and cold alike ? ( Temperatures )

12. How are salt and sweet alike ? ( Tastes)

13. How are salt and sour alike ? ( Tastes)

14. How are desk and chair alike ? ( Furniture or office furniture)

15. How are red and orange alike ? (Colors)

16. How are floods and earthquakes related ? ( Natural disasters)

17. How are scarf and mittens alike ? ( Winter clothing)

18. How are shorts and sandals alike ? (Summer wear or beach clothing)

19. How are hairclip and headband alike ? (Girl accessories)

20. How are milk and oil alike ? (Liquids)

21. How are cherries and apples alike ? ( Fruits, red in color or both have seed)

22. How are orange juice and milk alike ? ( Liquids ,drinks)

23. How are lime and orange alike ? ( Sour in taste)

24. How are bulldozer and crane related ? ( Construction vehicles)

25. How are school bus and train related ? ( Transportation vehicles)

26. How are computer and cell phone related ? ( Communication)

27. How are Lilies and Orchids are related ? (Flowers)

28. How are hearing and smell are alike ? (Senses)

29. How are oxygen and carbon dioxide alike ? ( Humans inhale oxygen and exhale carbon dioxide or plants inhale carbon dioxide and exhale Oxygen or both are gas) ?

30. Anger and Surprise are alike ? ( Emotions)

31. Happy and sad are alike ? ( Emotions)

32. Disgust and contempt are alike ? ( Emotions)

33. How are an actor and an actress alike ?( Artists)

34. How are a violin player and piano player alike ? ( Artists)

35. How are a singer and a dancer alike ?( Artists)

36. How are calm and jubilant alike ? ( Emotions)

37. How are pleased and blissful alike ? ( Emotions)

38. How are jolly and assured alike ? ( Emotions)

39. How are upset and jealous alike ? ( Emotions)

40. How are guilty and hurt alike ? ( Emotions)

42. How are tired and bored alike ? ( Emotions)

43. How are radio and TV alike ? (Communication or Entertainment)

44. How are storms and hurricanes related ? ( Natural disasters)

45. How are touch and taste alike ? (Senses)

46. How are beanie and jacket alike ? ( Winter clothing)

47. How are swimsuit and straw hat alike ? (Summer wear)

48. How are water vapor and helium are alike ? (Gases)

49. How are vapor and gas are alike ? (States of matter)

50. How are morning and evening are alike ? ( Times in a day)

51. How are brunch and dinner alike ? ( Meals of the day)

52. How are paper clip and tape alike ? ( To hold things )

53. How are freezing and cold alike ? (Temperatures , low temperatures)

54. How are thunder and fog related ? ( Weather)

55. How are lightening and rain related ? ( Weather)

56. How are soccer and football related ? (Sports)

57. How are skating and boxing related ? (Sports)

58. How are head and chin related ? (Parts of face)

59. How are mountains and valley related ? ( Nature)

60. How are knee and feet related ? (Parts of body)

1. What does ***tone*** mean? ( Character of sound )

2. What does ***reproduce*** ( To make again similar one or make a copy )

3. What does ***variations*** ( Differences)

4. What does ***telecommunications*** mean? (The science of sending information through signals, such as by cellphone, telephone, radio, or television )

5. What does ***ruby*** mean? ( Ans: A precious metal red in color )

6. What does ***winner*** mean? ( Ans: A person or thing that wins something )

7. What does ***channel*** mean? ( Ans: A medium for communication or the passage of information, a tubular passage, the navigable part of a waterway, an electric circuit which acts as a path for a signal )

8. What does ***invention*** mean? ( Ans: Creative ability, something fabricated or made up , the action of inventing something, typically a process or device )

9. What does ***determination*** mean? ( Ans: Firmness of purpose; resoluteness, the process of establishing something exactly by calculation or research, a judicial decision or sentence, or to move in a fixed direction or having a strong need or want to do something )

10. What does ***issued*** mean? ( Ans: Supply or distribute (something )

11. What does ***pianist*** mean? ( Ans: A person who plays the piano, especially professionally)

12. What does ***vocal*** mean? ( Ans: Related to human voice, or expressing opinions or feelings freely or loudly, speech sounds )

13. What does ***physiology*** mean? ( Ans: The branch of biology that deals with the normal functions of living organisms and their parts )

14. What does ***Go-Green*** mean? ( Ans: To pursue knowledge and practices that can lead to more environmentally friendly and ecologically responsible decisions and lifestyles, which can help protect the environment and sustain its natural resources for current and future generations )

15. What does ***oxygen*** mean? ( Ans: A colorless, odorless reactive gas, the chemical element of atomic number 8 and the life-supporting component of the air, Human beings need oxygen to be alive or Human beings Inhale oxygen ,plants exhale oxygen )

16. What does ***helium*** mean? ( Ans: The chemical element of atomic number 2, an inert gas which is the lightest member of the noble gas series )

17. What does ***story*** mean? ( Ans: An account of past events in someone's life an account of imaginary or real people and events told for entertainment )

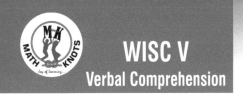

18. What does ***budget*** mean? ( Ans: An estimate of income and expenditure for a set period of time )

19. What does ***preparations*** mean? ( Ans: The action or process of making ready or being made ready for use or consideration )

20. What does ***purchases*** mean? ( Ans: Buy or Acquire a thing by paying money )

21. What does ***keelboat*** mean? ( Ans: A type of ship or boat )

22. What does ***supplies*** mean? ( Ans: Items or objects needed to prepare something )

23. What does ***fierce*** mean? ( Ans: Strong or powerful intensity )

24. What does ***frontiersman*** mean? ( Ans: A person who lives in an area that has not been well developed)

25. What does ***lieutenant*** mean? ( Ans: A ranking officer in the military or a deputy )

26. What does ***expenses*** mean? ( Ans: Things that cost money or charges )

27. What does ***transport*** mean? ( Ans: Take or carry people from one place to other by means of horse, car ,train etc.)

28. What does ***vibration*** mean? ( Ans: Quick moment and repeated moment )

29. What does ***dozen*** mean? ( Ans: A set of 12 items )

30. What does ***transparent*** mean? ( Ans: Easy to perceive or detect )

31. What does ***aquatic*** mean? ( Ans: Relating to water )

32. What does ***bank*** mean? (Borders of a river or the place where we save our money )

33. What does ***canopy*** mean? ( An over head covering ,like a roof )

34. What does ***hunker*** mean? ( To hide out or take shelter or bend )

35. What does ***expedition*** mean? ( Ans: A journey or voyage to explore an area )

36. What does ***epic*** mean? ( Ans: Impressively great; very important )

37. What does ***expansion*** mean? ( Ans: Spreading out or enlargement)

38. What does ***real Estate*** mean? ( Ans: Buying and selling property or land )

39. What does ***negotiation*** mean? ( Ans: A discussion to try and make a deal or agreement )

40. What does ***enormous*** mean? ( Ans: Very large or huge )

41. What does ***explore*** mean? ( Ans: To check something out; to look around to see what is there and what can be found ; Enquire )

42. What does ***assemble*** mean? ( Ans: Join or gather together in a group )

43. What does ***corps*** mean? ( Ans: A military group or unit )

44. What does ***obtain*** mean? ( Ans: To get or acquire )

45. What does ***essential*** mean? ( Ans: Absolutely something that is needed to live; extremely needed to do something )

46. What does ***relations*** mean? ( Ans: Relationships and connections between people or things )

47. What does ***tribe*** mean? ( Ans: A small group of people who live together and share a lifestyle )

48. What does ***perilous*** mean? ( Ans: Very dangerous to the point that it may cause death or risk )

49. What does ***uncharted*** mean? ( Ans: Has never been explored; there is no record what is there ,a place that is not surveyed )

50. What does ***tale*** mean? ( Ans: A story )

51. What does ***expansion*** mean? ( Ans: To get wider or to grow or enlargement )

52. What does ***clock*** mean? ( Ans: A device that gives us time )

53. What does ***parrot*** mean? ( Ans: A bird , A pet bird)

54. What does ***toxic*** mean? ( Ans: Poisonous )

55. What does ***habitat*** mean? ( Ans: A place where an animal lives or A natural home )

56. What does ***contaminate*** mean? ( Ans: Impure by adding a substance or polluting a substance)

57. What does ***aquatic*** mean? ( Ans: Lives in the water )

58. What does ***metamorphosis*** mean? ( Ans: Completely changing body forms, such as a caterpillar becoming a butterfly; changing to look like a completely different creature )

59. What does ***fable*** mean? ( Ans: Story or Myth or Legend)

60. What does ***bicycle*** mean? ( Ans: A vehicle with two wheels, doesn't use any fuel to run )

61. What does ***E-mail*** mean? ( Ans: An electronic way of sending messages from one computer to other )

62. What does ***triple*** mean? ( Ans: Three )

63. What does ***huge*** mean? ( Ans: Extremely large or Enormous )

64. What does ***skirmish*** mean? ( Ans: A fight or conflict or A short argument

65. What does ***encounter*** mean? (Ans: To see or meet someone unexpectedly

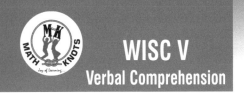

66. What does ***region*** mean? ( Ans: An area of land )

67. What does ***identify*** mean? ( Ans: Recognize or Distinguish )

68. What does ***decline*** mean? ( Ans: Politely refuse or deteriorate )

69. What does ***circulate*** mean? ( Ans: To go around in circles; to move continuously. Example: Blood circulates (or moves) through the body. )

70. What does ***species*** mean? (Ans: A specific type of animal group or a kind)

71. What does ***hibernate*** mean? ( Ans: To sleep through the winter in a dormant state )

72. What does ***glucose*** mean? ( Ans: Sugar ,which is an important energy source )

73. What does ***internal*** mean? ( Ans: Situated on the inside )

74. What does ***insulation*** mean? ( Ans: Something that helps keep something else warm or To hold heat inside )

75. What does ***dominant*** mean? ( Ans: Take over or overpower or influential or most important )

76. What does ***hearing*** impaired mean? ( Ans: Listening or an opportunity to state ones case )

77. What does ***telegraph*** mean? ( Ans: A system or machine that sends messages through a wire creating signals )

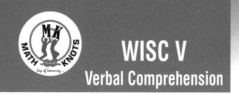

78. What does ***electrician*** mean? ( Ans: A person who works with electric systems )

79. What does ***sketches*** mean? ( Ans: Drawings or A rough unfinished drawing or An outline of something )

80. What does ***aeronautics*** mean? ( Ans: The science of building things that fly, like aircraft )

81. What does ***hydrofoil*** mean? ( Ans: A boat with special features that lift the boat above the water )

82. What does ***transcontinental*** mean? ( Ans: Across a continent )

83. What does ***frequency*** mean? ( Ans: Rate at which something happens in a certain time period )

84. What does ***vary*** mean? ( Ans: Differ; Change ; Change in degree )

85. What does ***century*** mean? ( Ans: A period of 100 years )

86. What does ***patent*** mean? ( Ans: The right given by a government to build, use, or sell an invention, proprietary )

1

2

EURO
1 CENT

3

IN GOD WE TRUST
LIBERTY
2004

4

LIBERTY
IN GOD WE TRUST
2019

5

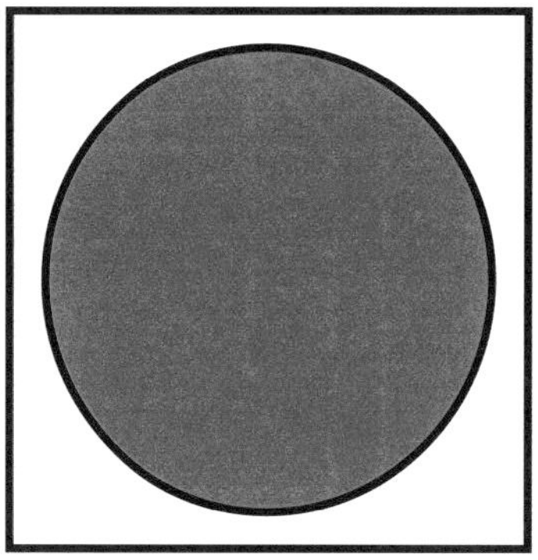

6

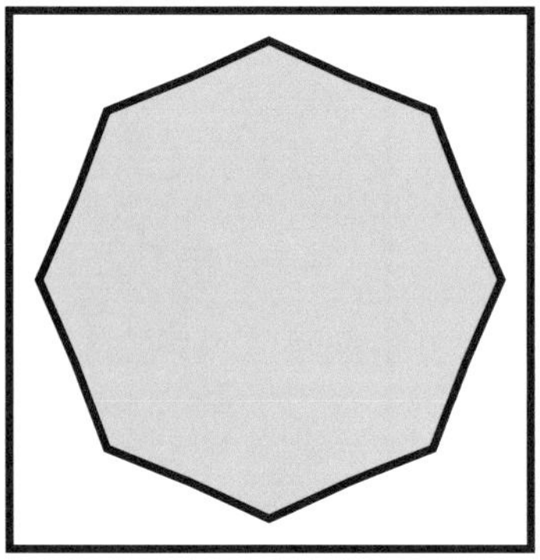

7

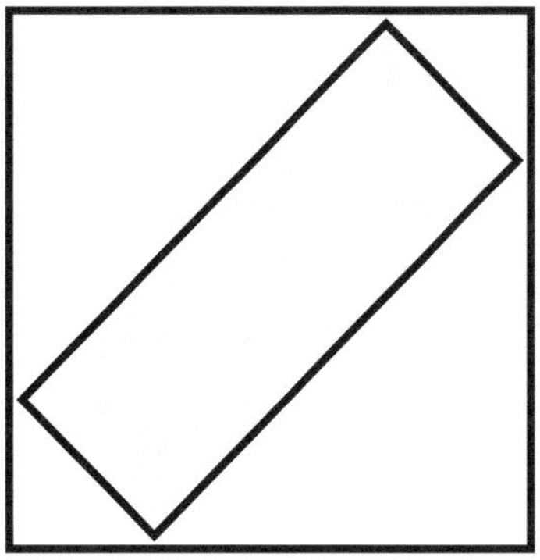

8

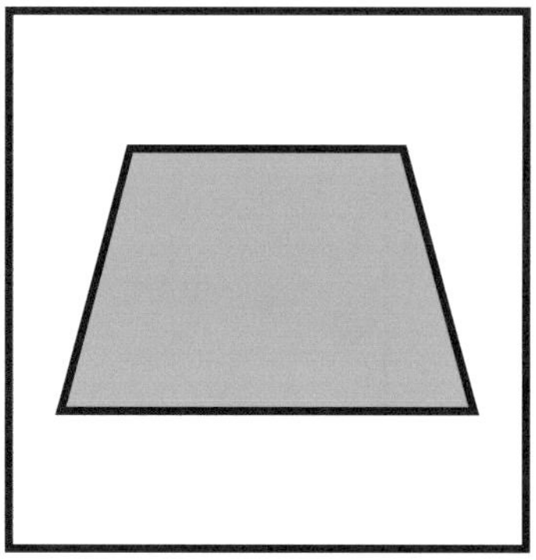

9

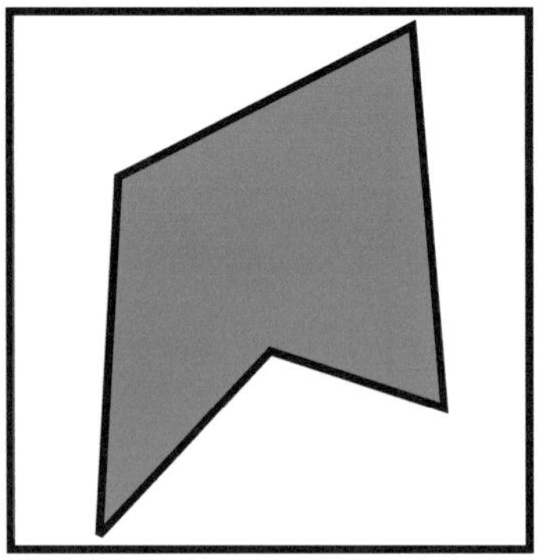

10

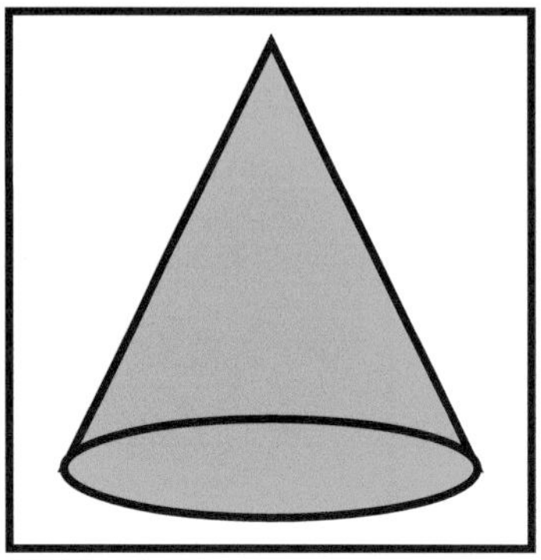

11

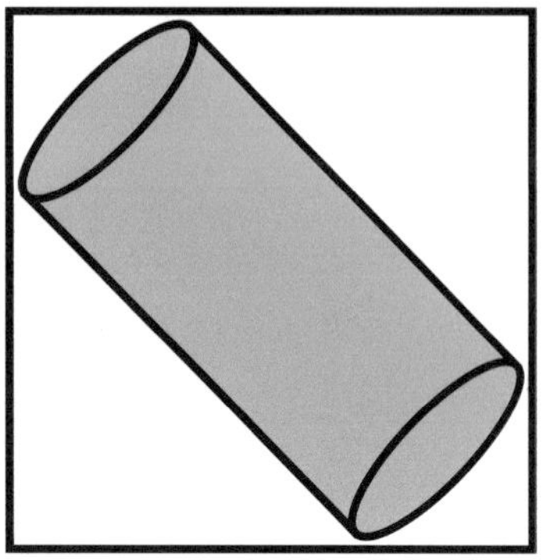

12

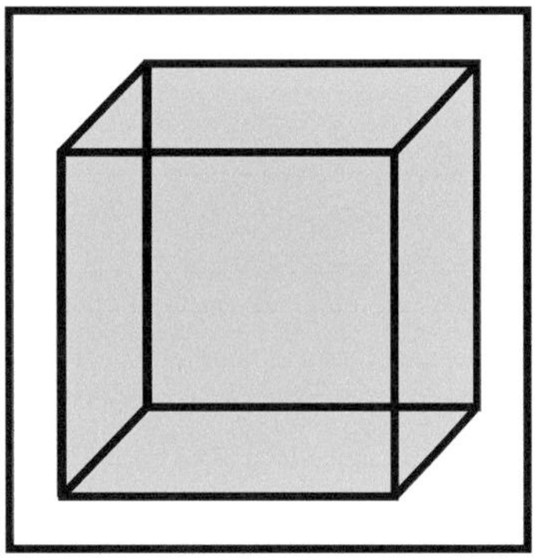

13

14

15

16

17

18

19

20

21

911
POLICE

22

23

24

25

26

27

28

TATA

29

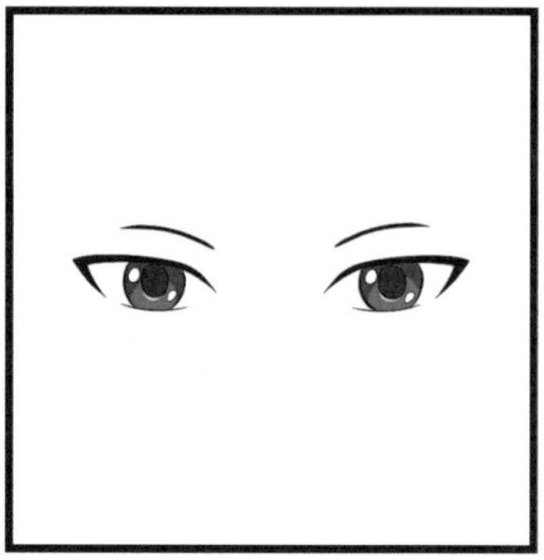

30

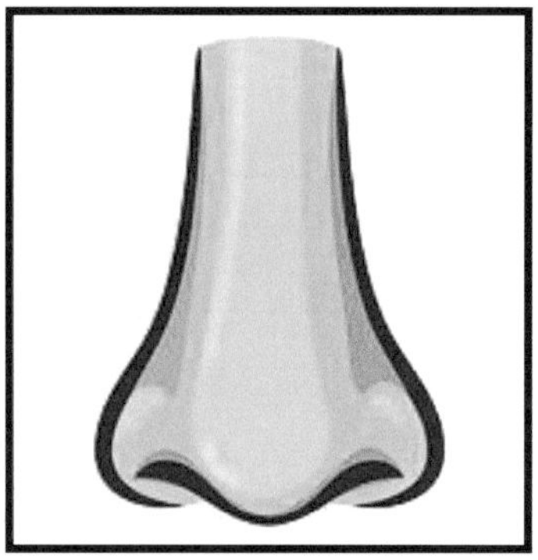

31

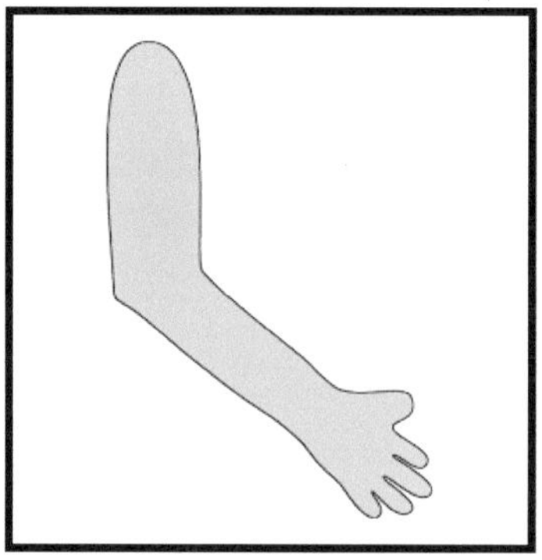

32

33

PHILIPS

34

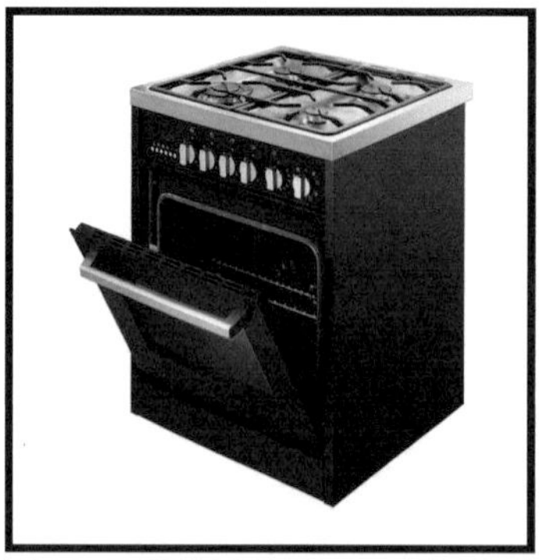

35

36

37

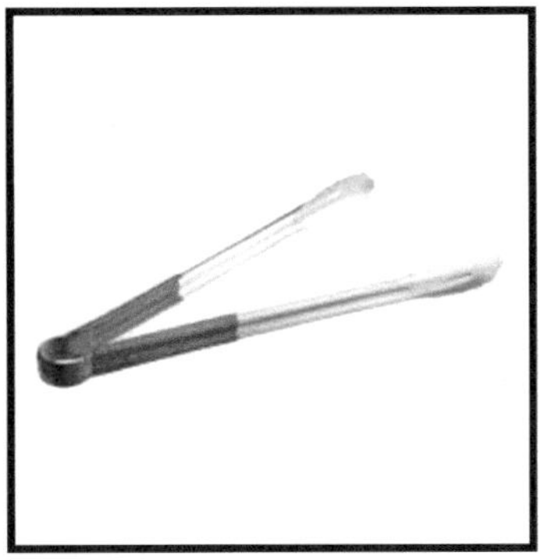

38

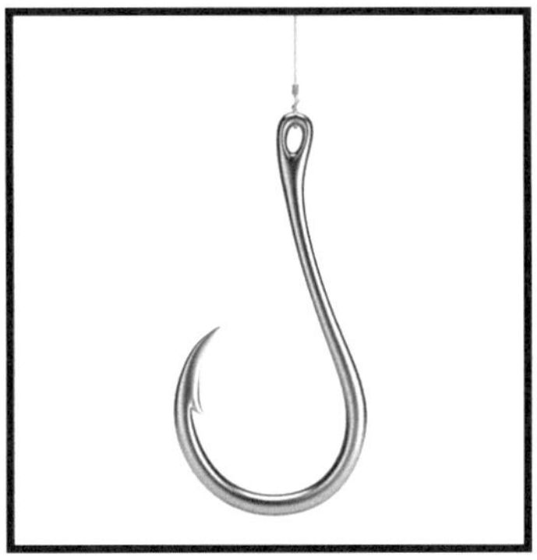

39

40

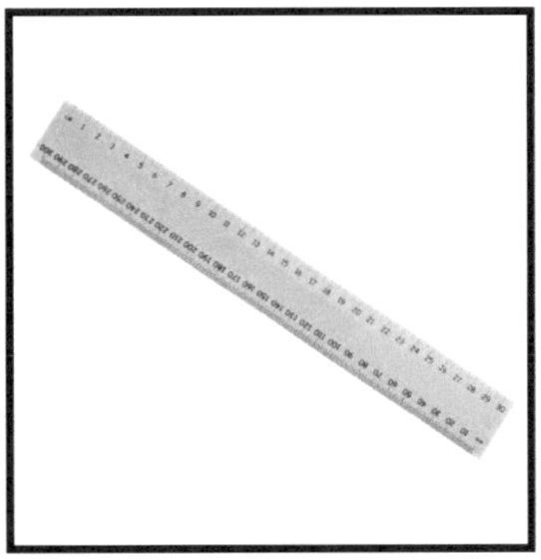

41

42

43

44

45

46

47

48

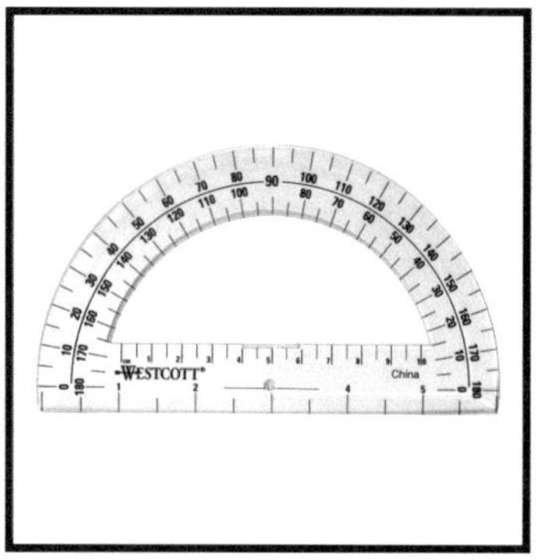

49

50

51

52

53

54

55

56

57

58

59

60

61

62

63

64

65

66

67

68

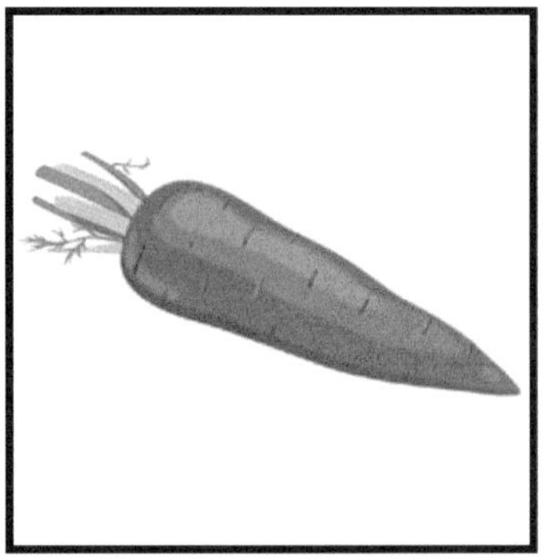
69

70

71

HOSPITAL
72

STOP

73

74

75

76

77

78

79

80

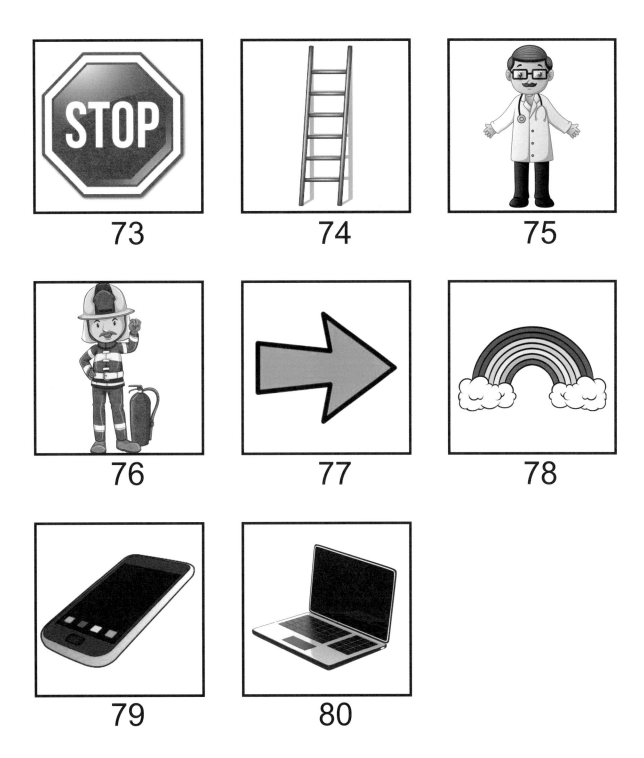

# Answer Keys

1) Pot {Kitchen gadgets}
2) pan {Kitchen gadgets}
3) Cent {Coins and Dollar bills}
4) Nickle {Coins and Dollar bills}
5) Quarter Dollar {Coins and Dollar bills}
6) Circle {2-D figures}
7) Octagon {2-D figures}
8) Rectangle {2-D figures}
9) Trapezium {2-D figures}
10) Polygon {2-D figures}
11) Cone {3-D figures}
12) Cylinder {3-D figures}
13) Cube {3-D figures}
14) music note {Musical Instruments}
15) Piano {Musical Instruments}
16) Flute {Musical Instruments}
17) Violin {Musical Instruments}
18) Chello {Musical Instruments}
19) Mike {Sound making things}
20) Whistle {Sound making things}
21) Fire Engine {Emergency vehicles}
22) Police Car {Emergency vehicles}
23) Crane {Construction vehicles}
24) Bull dozer {Construction vehicles}
25) Dump truck {Construction vehicles}
26) Car {Transportation vehicles}
27) Train {Transportation vehicles}
28) Bike {Transportation vehicles}

# Answer Keys

29) Truck {Big goods carrying vehicles}
30) Eyes {Parts of body}
31) Nose {Parts of body}
32) Elbow {Parts of body}
33) Washer {Electrical appliances}
34) Hair Dryer {Electrical appliances}
35) Cooking Range {Electrical appliances}
36) Leaves {Parts of plant}
37) Branch {Parts of plant}
38) Tongs {Things to hold}
39) Hook {Things to hold}
40) Bag {Things to hold}
41) Ruler {Measuring things}
42) Sphere {3-D figures}
43) Eye glasses {Things to see}
44) binoculars {Things to see}
45) Back pack {School supplies}
46) Eraser {School supplies}
47) Pens {School supplies}
48) Paper {School supplies}
49) Protractor {School supplies}
50) Color pencils {School supplies}
51) Shorts {Summer clothing}
52) Swim dress {Summer clothing}
53) Sun glasses {Summer clothing}
54) Ear muffs {Winter clothing's}
55) Gloves {Winter clothing's}
56) Coats {Winter clothing's}
57) Wool blanket {Winter clothing's}
58) Fire place {Winter clothing's}

# Answer Keys

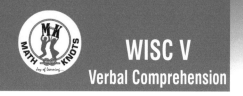

59) Mango {Various Fruits}
60) Pomegranate {Various fruits}
61) Grapes {Various fruits}
62) Strawberry {Various fruits}
63) Tulips {Various flowers}
64) Daisy {Various flowers}
65) Dahlia {Various flowers}
66) Lettuce {Vegetables}
67) Potato {Vegetables}
68) Green bean {Vegetables}
69) Carrot {Vegetables}
70) Calendar {Date & Time)
71) Monitor {Communication}
72) Hospital {Where people get healthy}
73) STOP {Sign / Direction}
74) Ladder {We can reach top places}
75) Doctor {Health care professional}
76) Fire Fighter {Emergency crew personnel}
77) Arrow {Direction}
78) Rainbow {All colors}
79) Cell Phone {Communication}
80) Laptop {Communication}

1. Why do we need government?
Answer: The system by which a nation, state, or community is governed.

2. Why are policies important?
Answer: To protect and give people rights

3. Why are fruits and vegetables important?
Answer: They give us vitamins and minerals to keeps us in good health

4. Why is cleanliness important?
Answer: By keeping the surroundings clean we are avoiding germs and thus reducing infections. Keeps people healthy.

5. Why are books important?
Answer: They give us knowledge.

6. Why are signals important on roads?
Answer: They keep the traffic flow in an organized way and keep people safe. By following the Signals, we can avoid accidents.

7. Which number we should call in emergency?
Answer: We need to call 9 - 1 - 1 in case of any emergence.
Example: accidents, heart stroke, Fire accident

8. What is constitution ?
Answer: It has governing rules the country , according to which a state or an organization is acknowledged to be governed.

9. Why do we need License ?

Answer: It is a permission to do something.

It is a permit from an authority to own or use something, do a particular thing, or to do a specific business.

10. Describe desserts?

Answer: It is a sweet course usually eaten at the end of a meal.

Example: Brownies , Cake etc..

Eating too many desserts will effect teeth and can cause other health issues.

## Practice blocks :

Student can cut these blocks and practice the patterns from 1-30

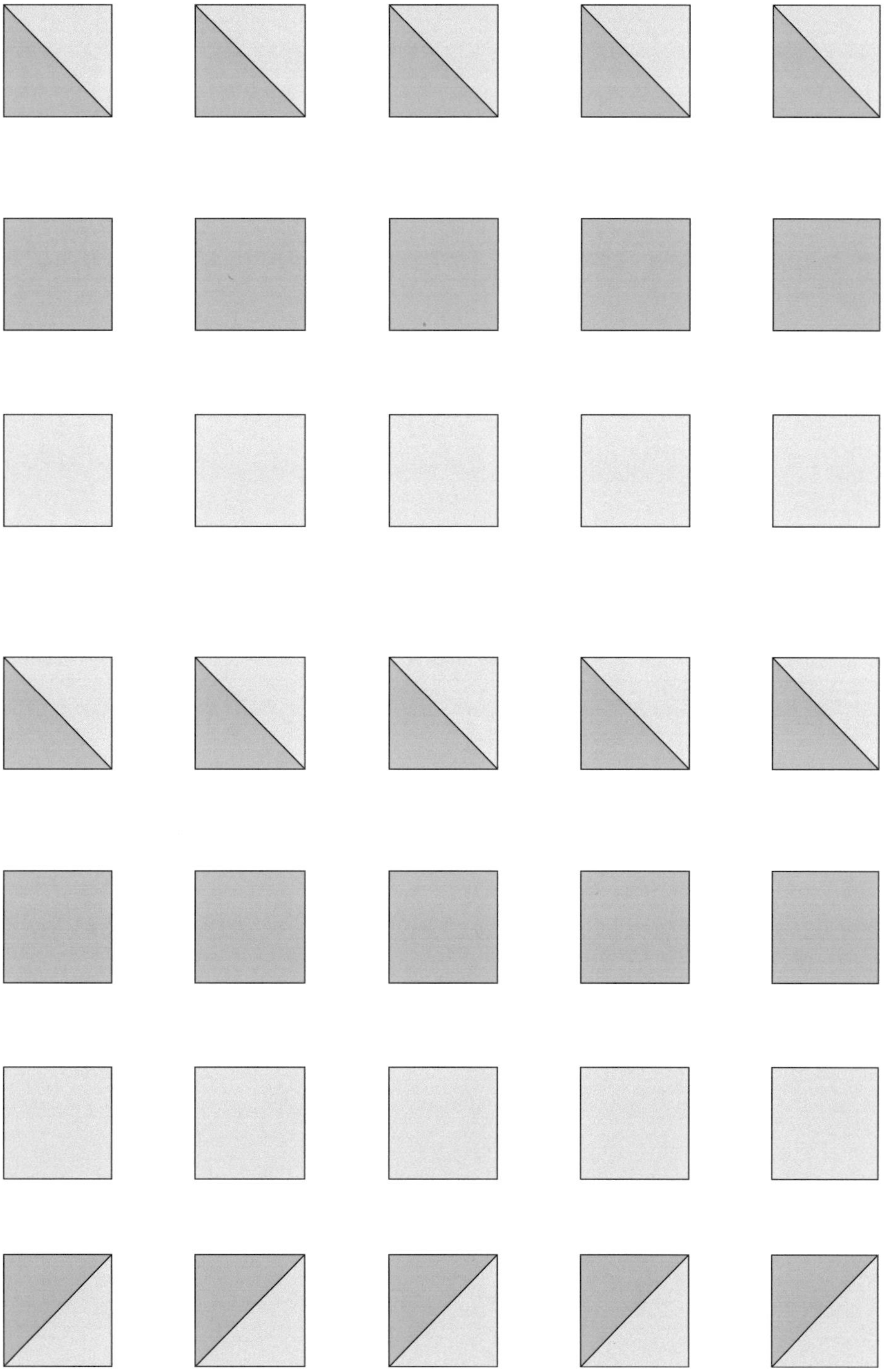

(1)

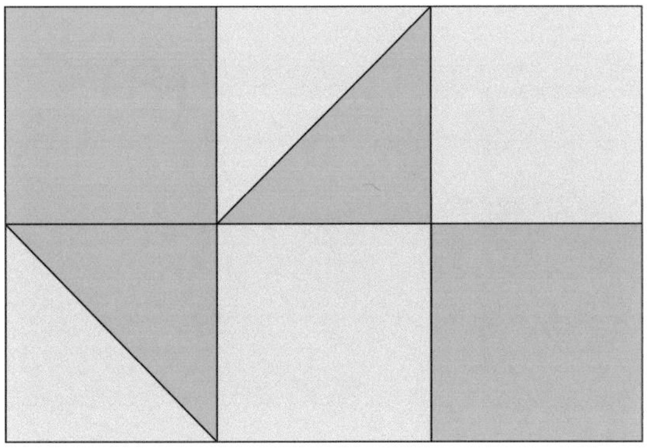

(2)

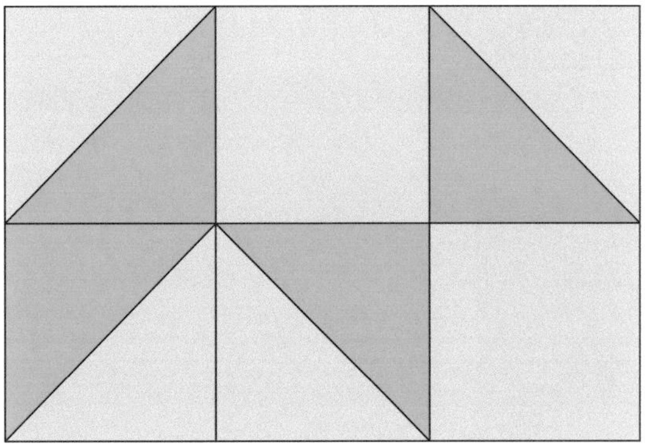

(3)

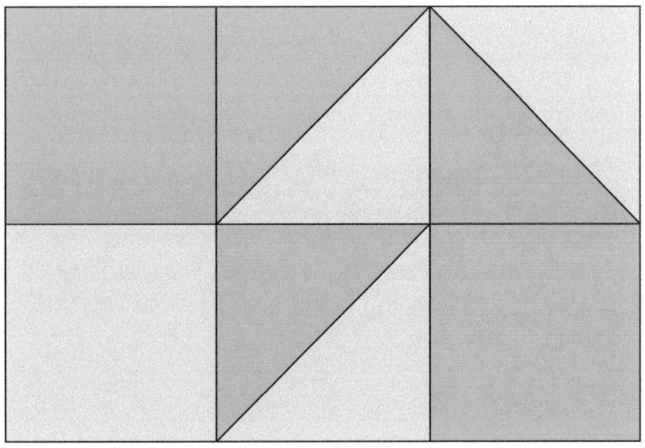

(4)

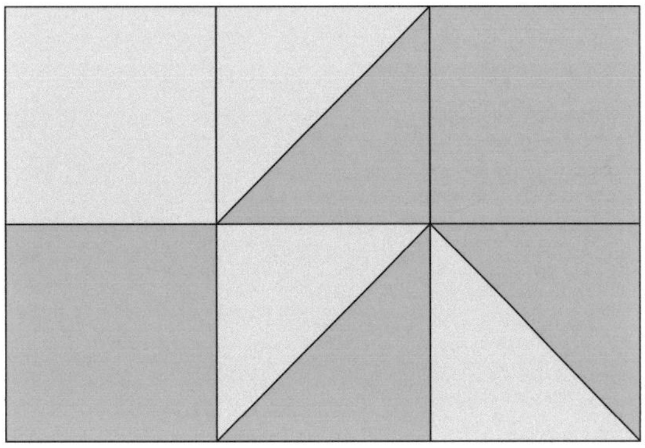

(5)

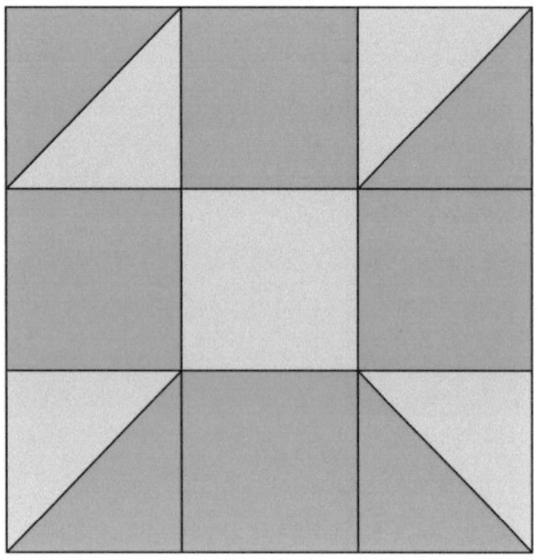

(6)

(7)

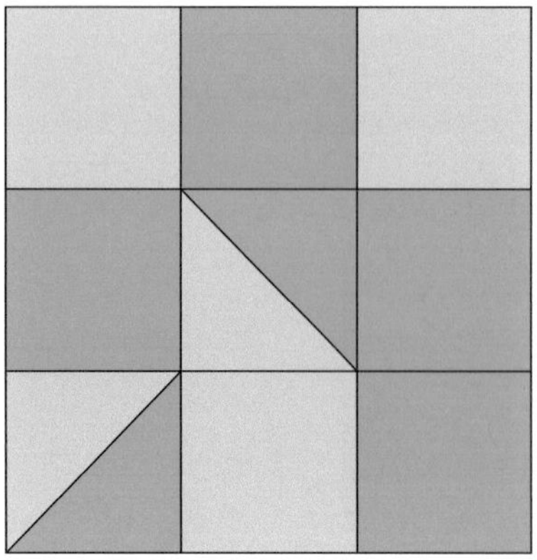

(8)

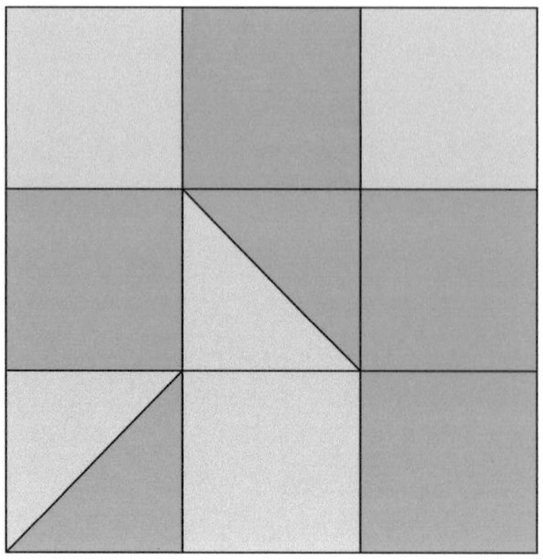

(9)

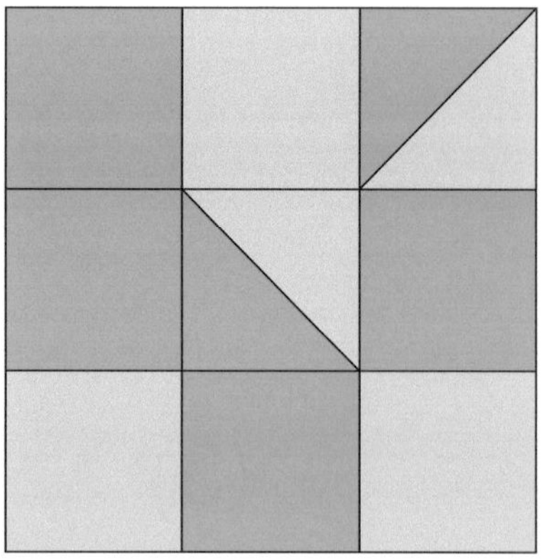

(10)

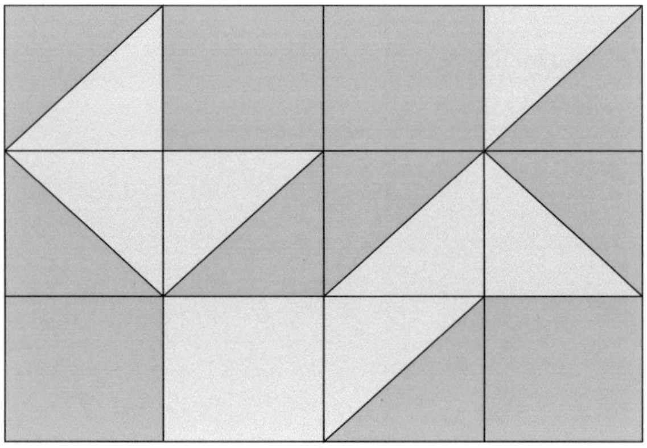

(11)

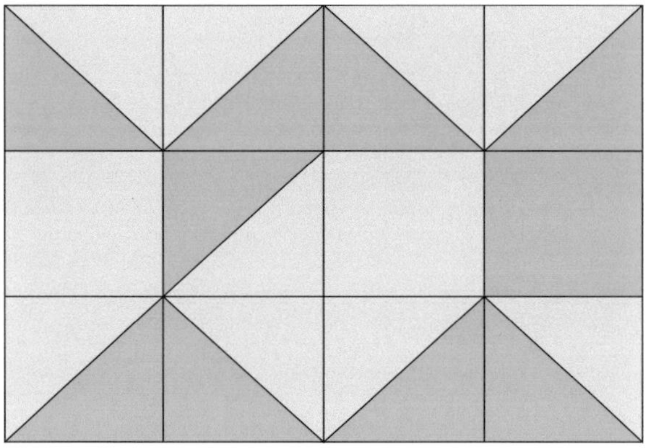

(12)

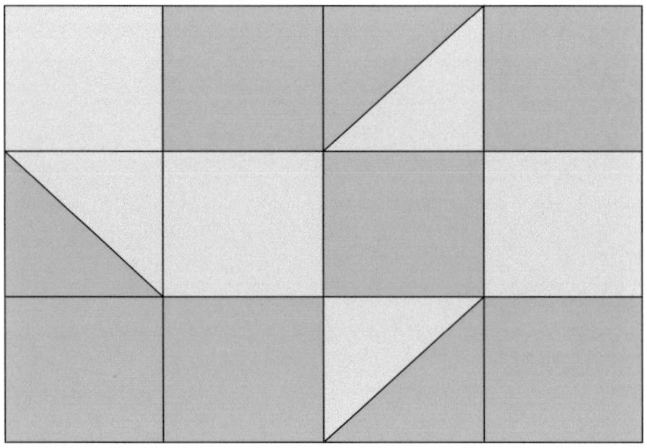

(13)

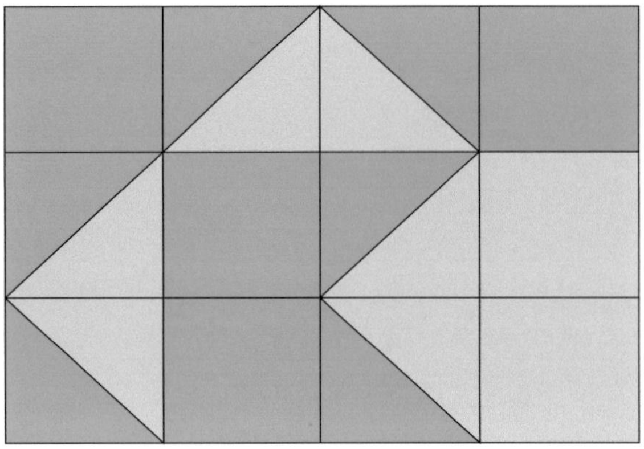

(14)

(15)

(16)

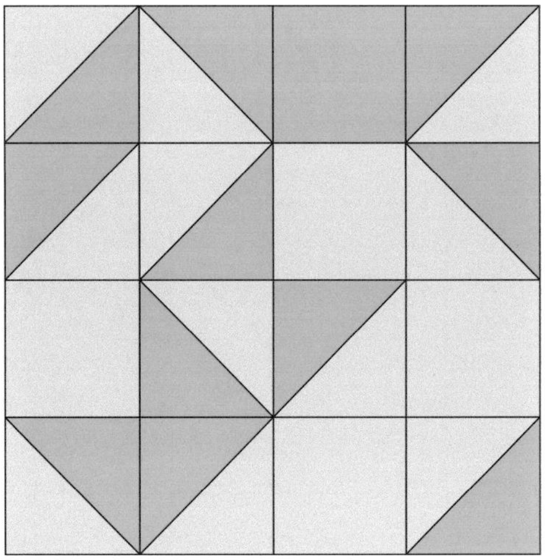

(17)

(18)

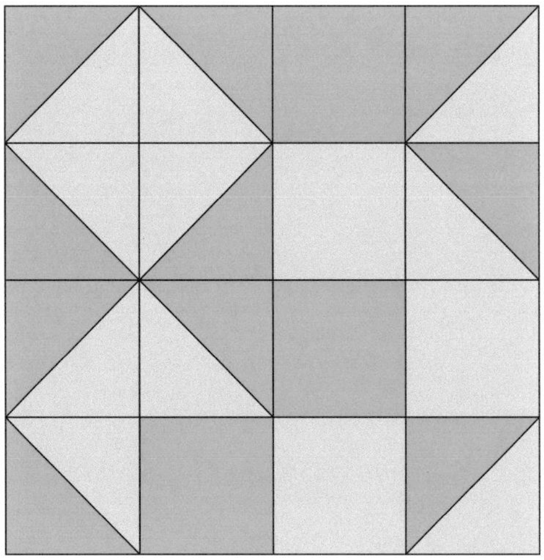

(19)

(21)

(20)

(22)

(23)

(25)

(24)

(26)

(27)

(28)

(29)

(30)

1.

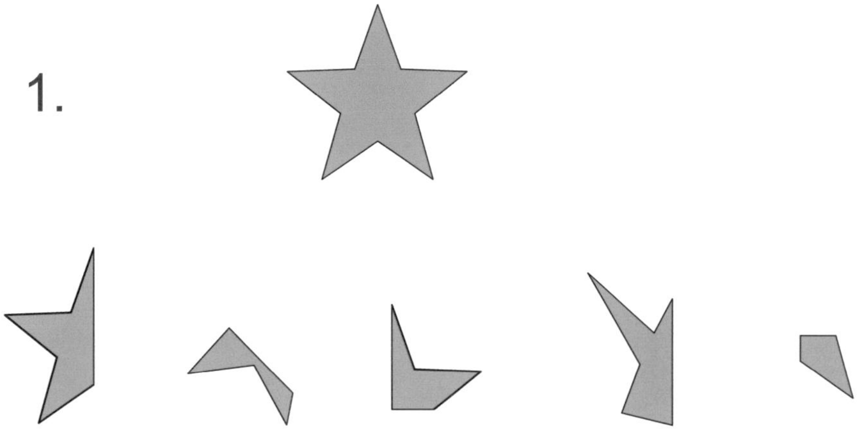

(A) (B) (C) (D) (E)

2.

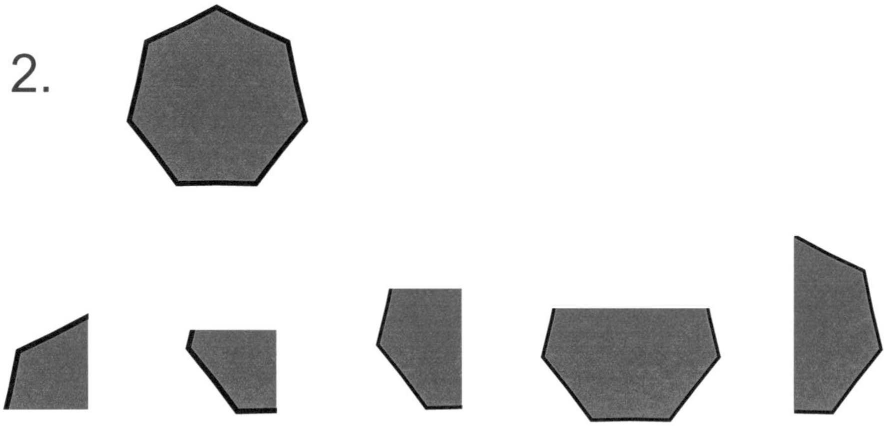

(A) (B) (C) (D) (E)

3.

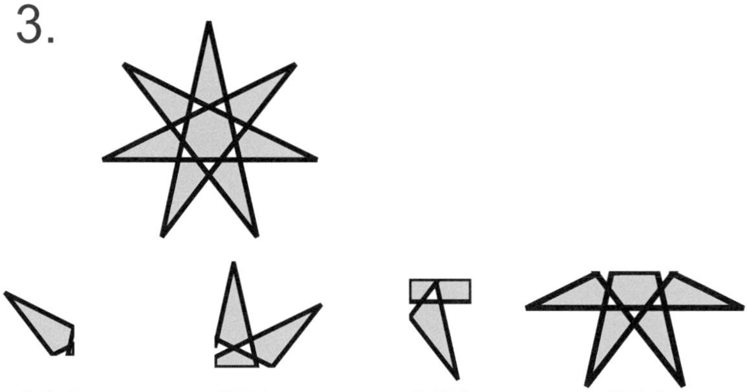

(A) (B) (C) (D) (E)

4. 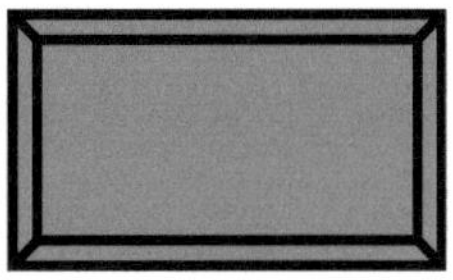

(A) (B) (C) (D) (E)

5. 

(A) (B) (C) (D) (E)

6. 

(A) (B) (C) (D) (E)

7.

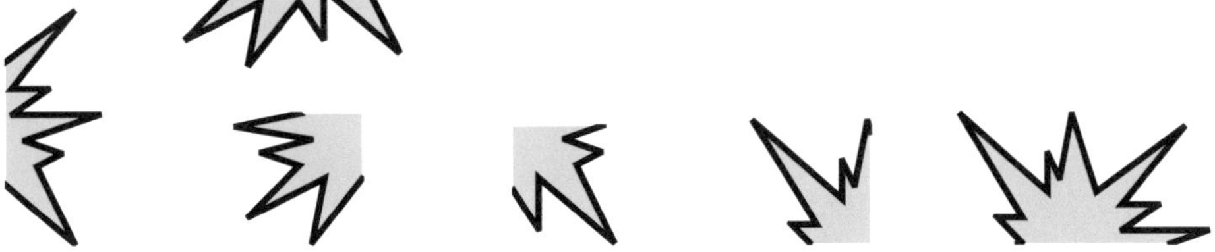

(A) (B) (C) (D) (E)

8.

(A) (B) (C) (D) (E)

9.

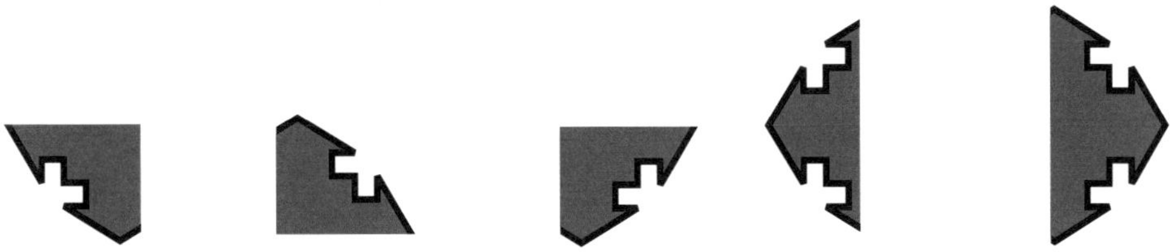

(A) (B) (C) (D) (E)

10. 

(A) (B) (C) (D) (E)

11. 

(A) (B) (C) (D) (E)

12. 

(A) (B) (C) (D) (E)

13.

(A) (B) (C) (D) (E)

14.

(A) (B) (C) (D) (E)

15.

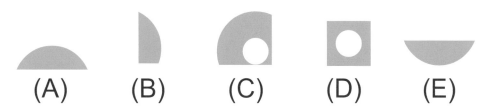

(A) (B) (C) (D) (E)

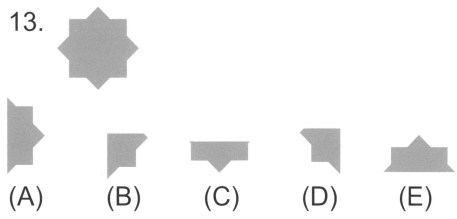

16.

(A) (B) (C) (D) (E)

17.

(A) (B) (C) (D) (E)

18.

(A) (B) (C) (D) (E)

19.

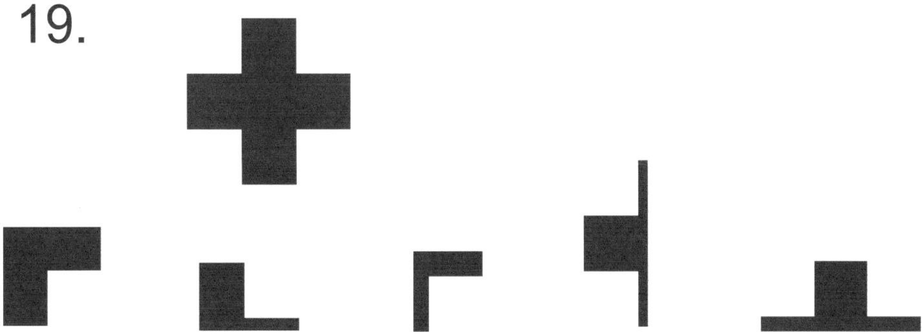

(A) (B) (C) (D) (E)

20.

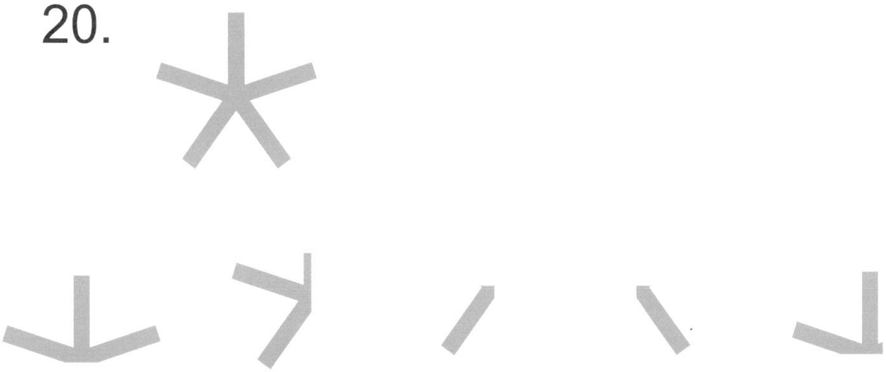

(A) (B) (C) (D) (E)

21.

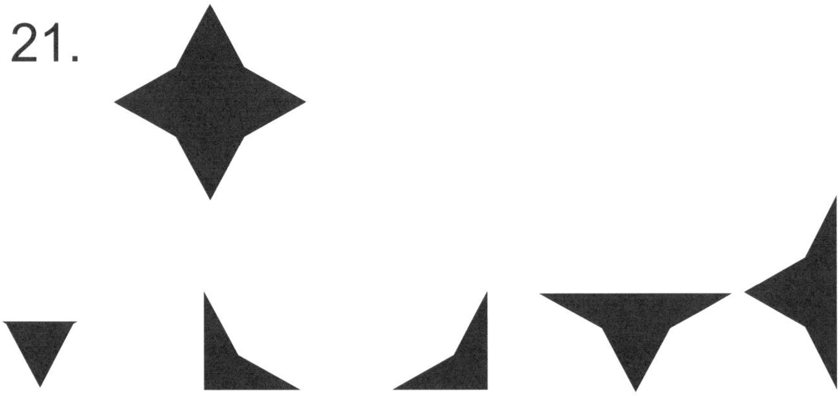

(A) (B) (C) (D) (E)

22.

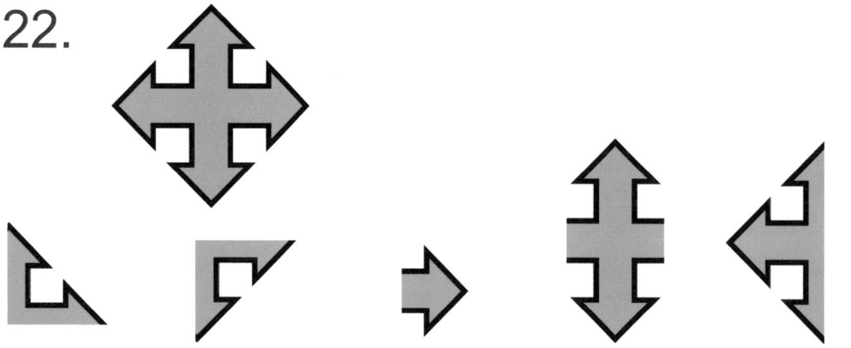

(A) (B) (C) (D) (E)

23.

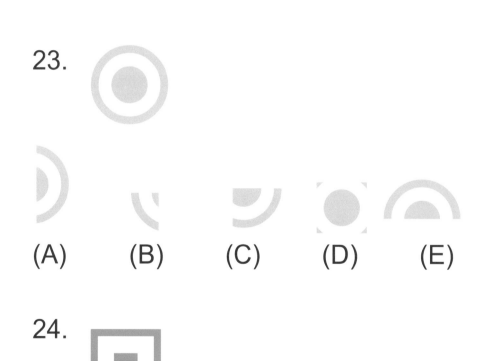

(A) (B) (C) (D) (E)

24.

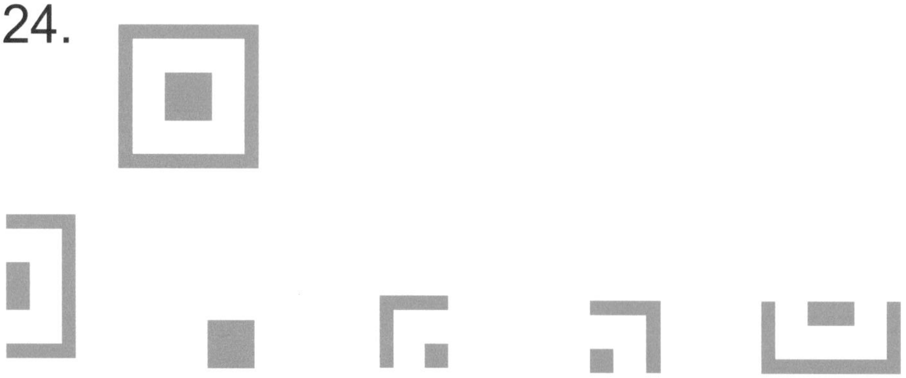

(A) (B) (C) (D) (E)

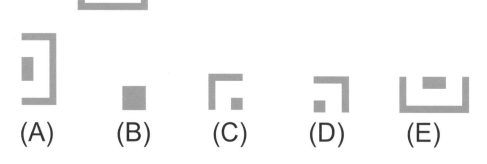

25. 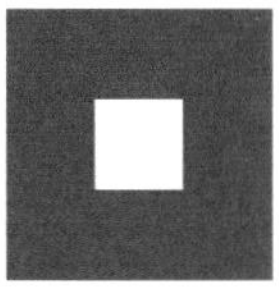

(A) (B) (C) (D) (E)

26. 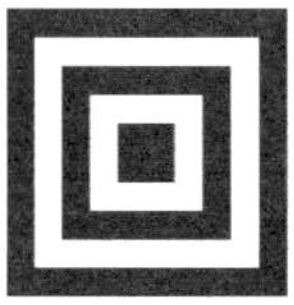

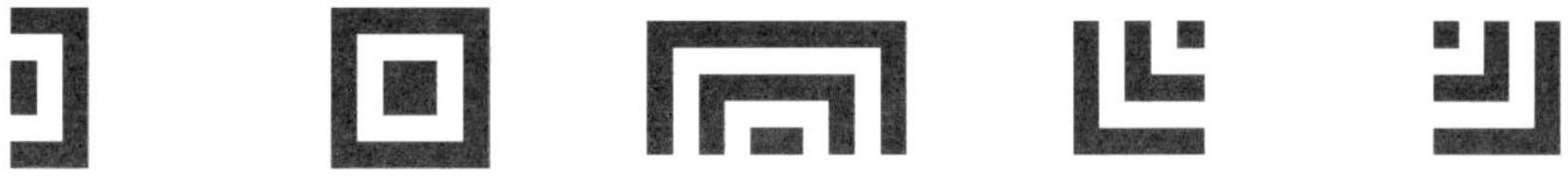

(A) (B) (C) (D) (E)

27. 

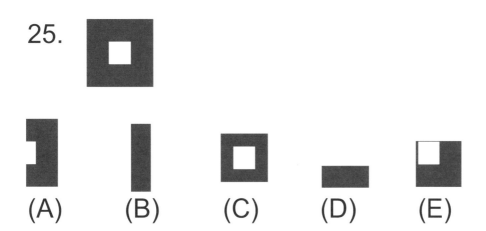

(A) (B) (C) (D) (E)

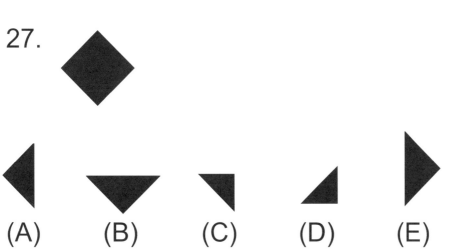

28.

(A) (B) (C) (D) (E)

29.

(A) (B) (C) (D) (E)

30.

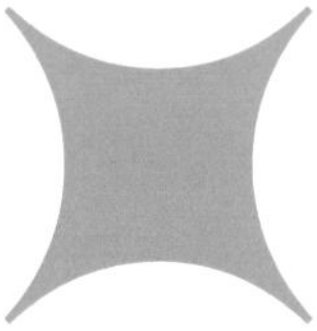

(A) (B) (C) (D) (E)

# Answer Keys

1.

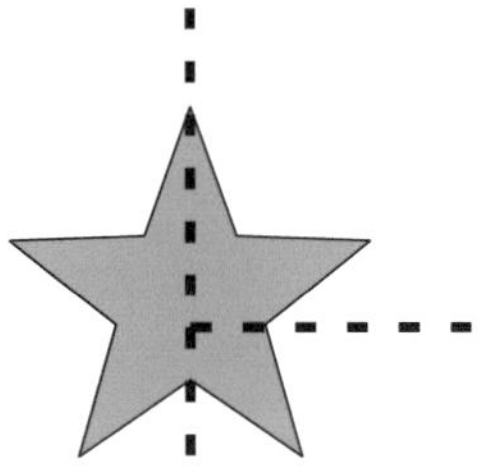

(A , C , E)

2.

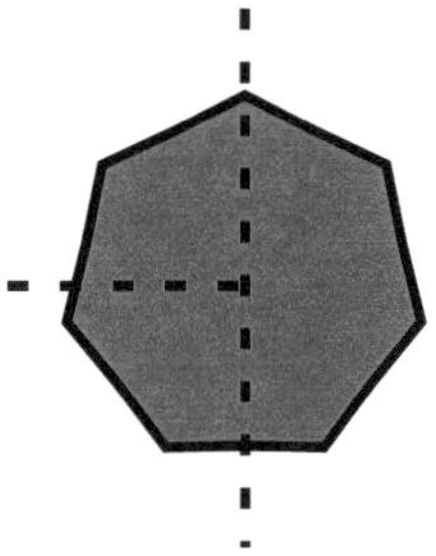

(A , B , E)

3.

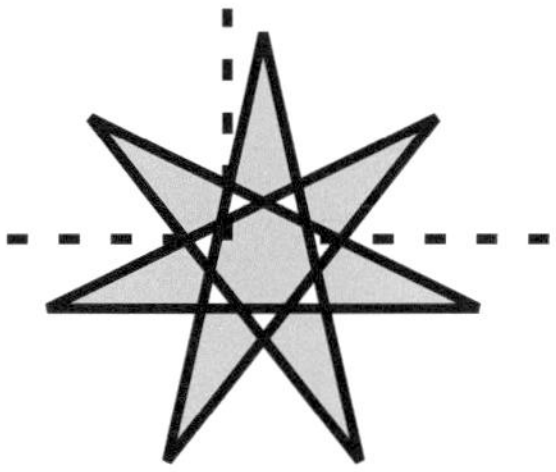

(A , B , D)

4.

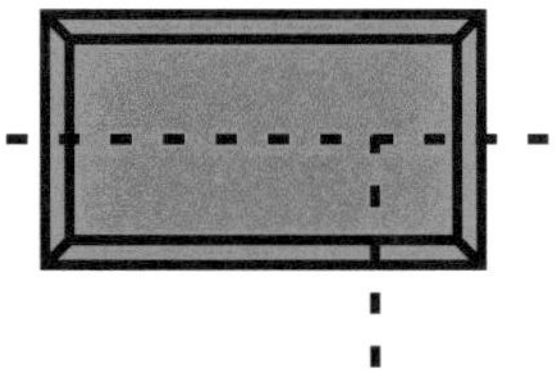

(A , B , E)

5.

(A , C , E)

6.

(B , C , E)

7.

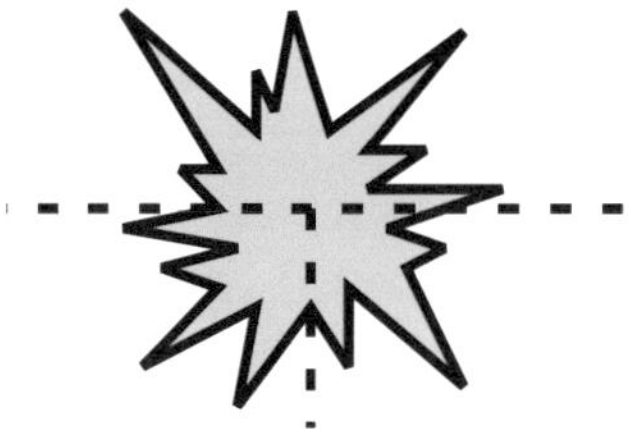

(B , C , E)

8.

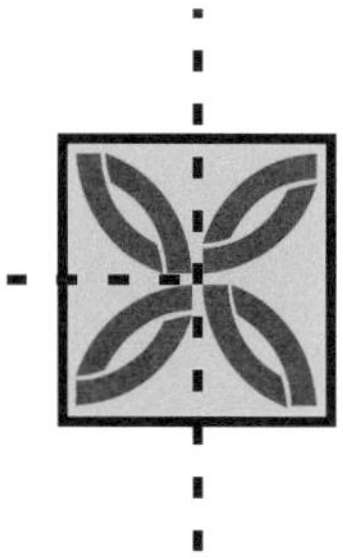

(A , C , E)

9.

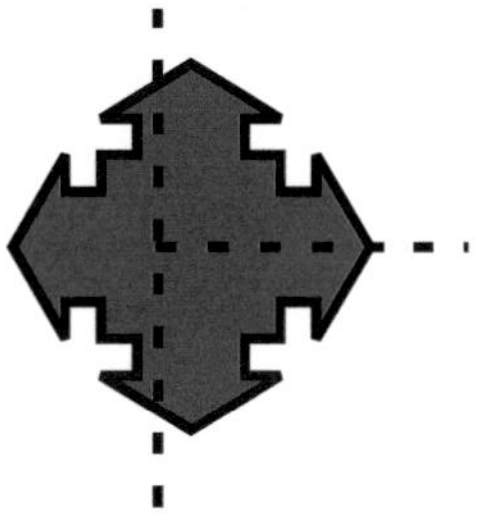

(B , C , D)

10.

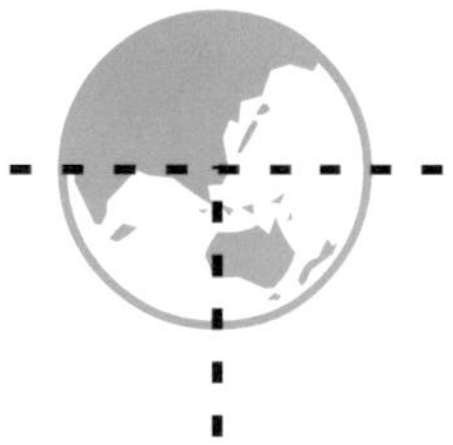

(A , D , E)

11.

(A , D , E)

12.

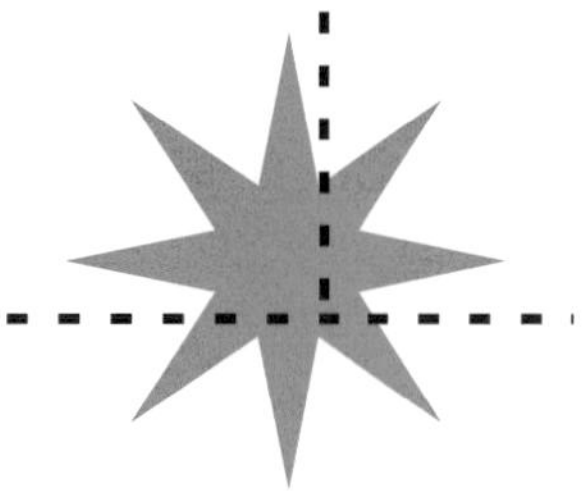

(C , D , E)

13.

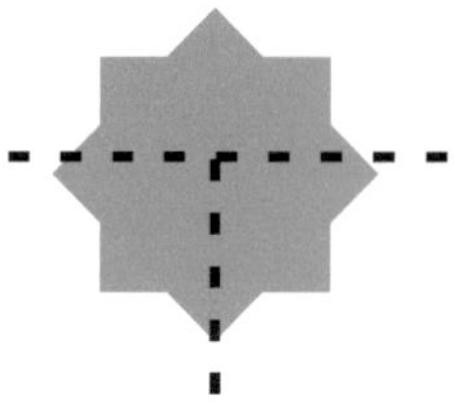

(D , B , E)

14.

(A , B , C)

15.

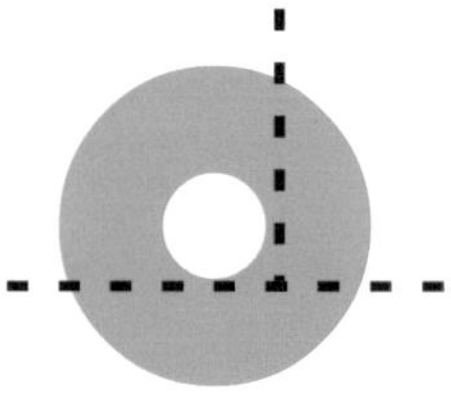

(B , C , E)

16.

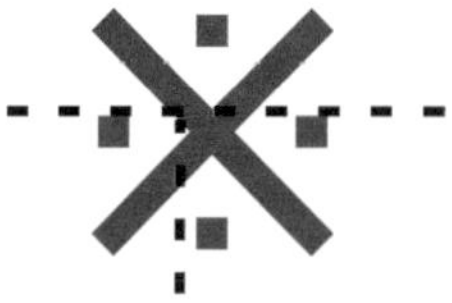

(B , D , E)

17.

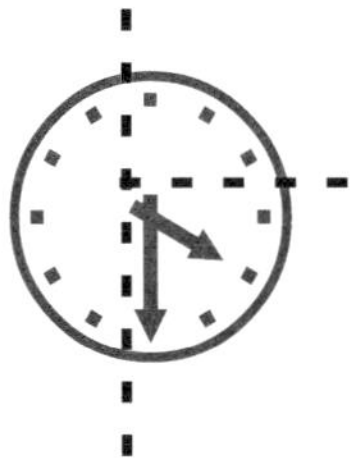

(A , B , C)

21.

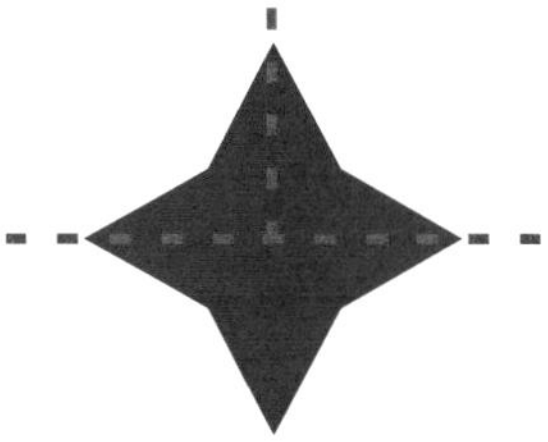

(B , C , D)

18.

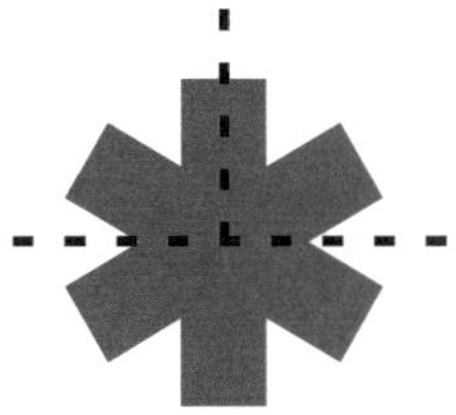

(B , C , E)

22.

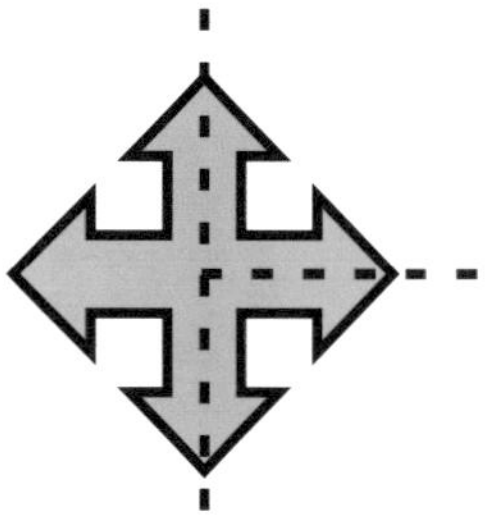

(A , B , E)

19.

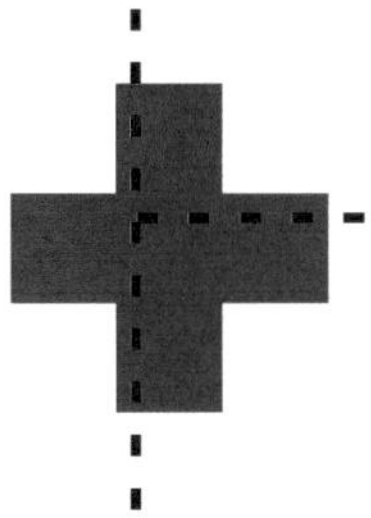

(A , B , D)

23.

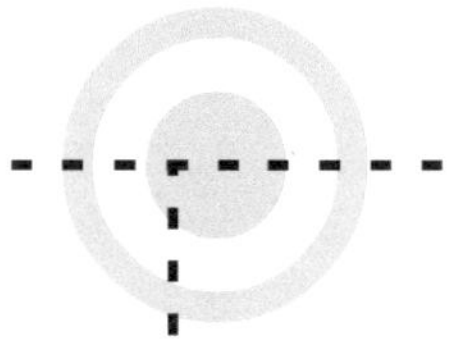

(B , C , E)

20.

(A , C , D)

24.

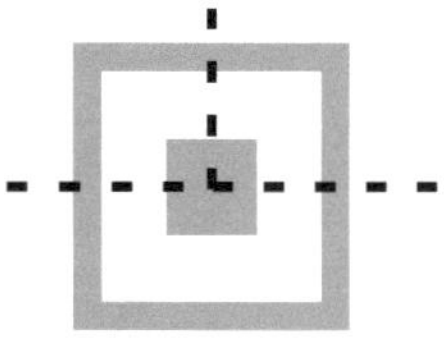

(C , D , E)

25.

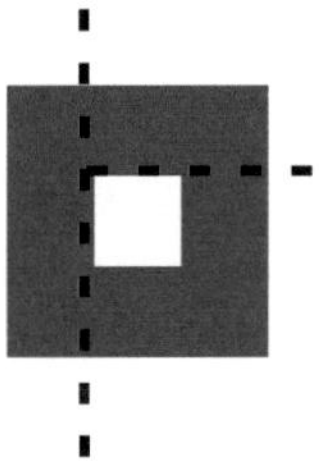

(B , D , E)

26.

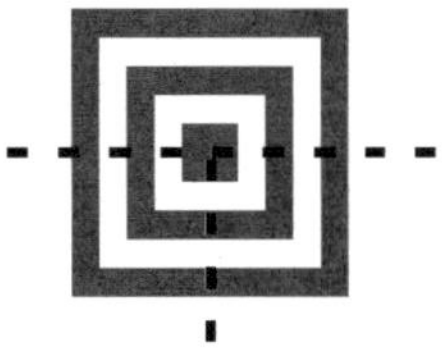

(C , D , E)

27.

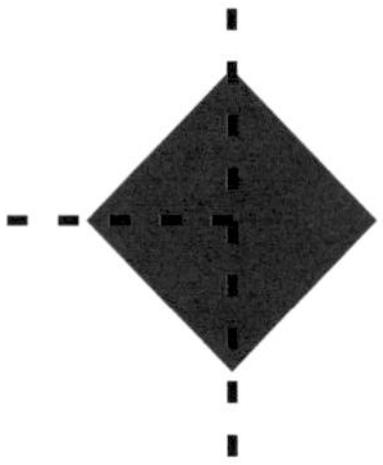

(C , D , E)

28.

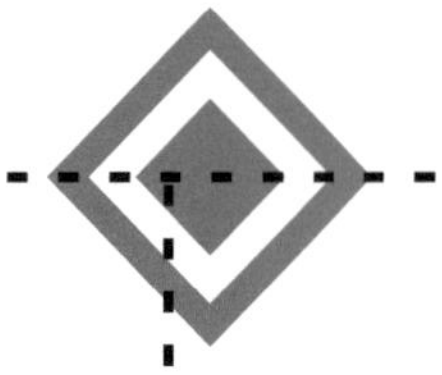

(C , D , E)

29.

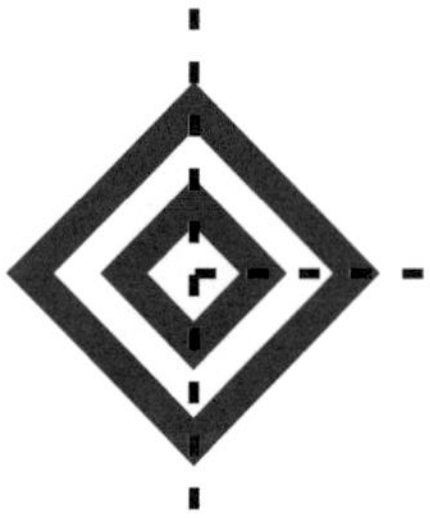

(A , B , C)

30.

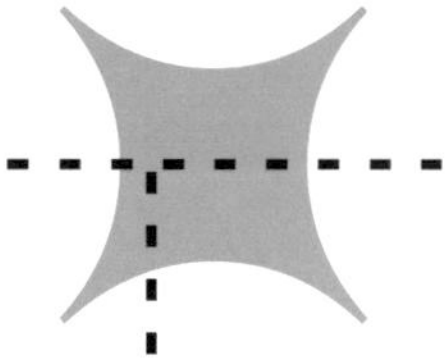

(B , C , D)

1)

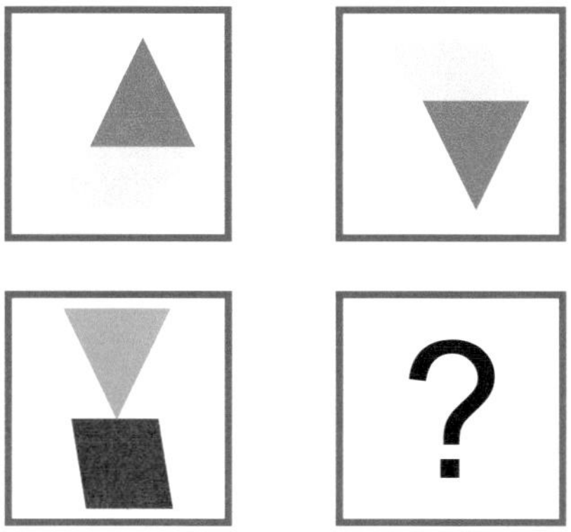
?

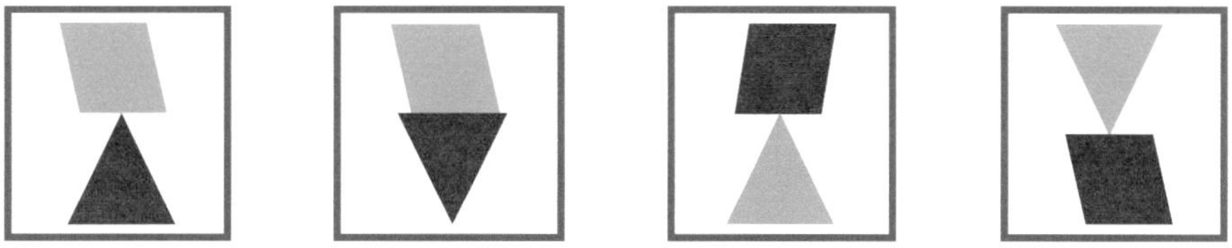

(A) ○ (B) ○ (C) ○ (D) ○

2)

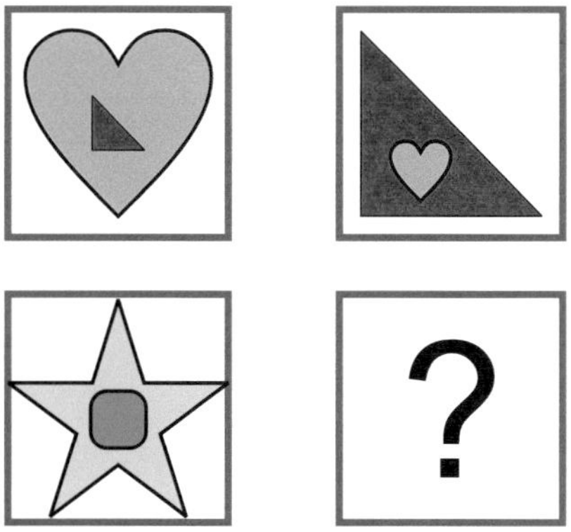
?

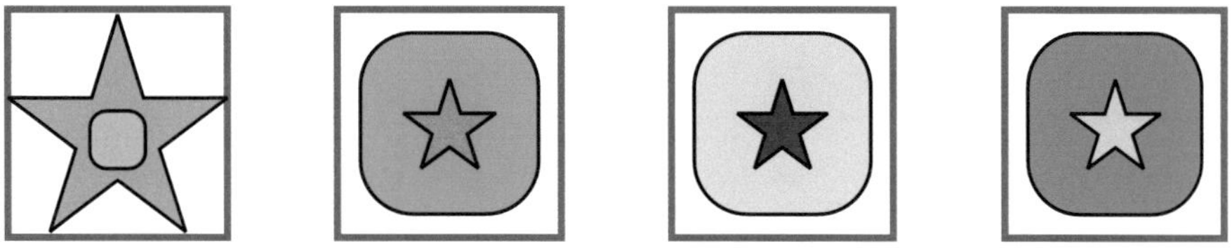

(A) ○ (B) ○ (C) ○ (D) ○

3)

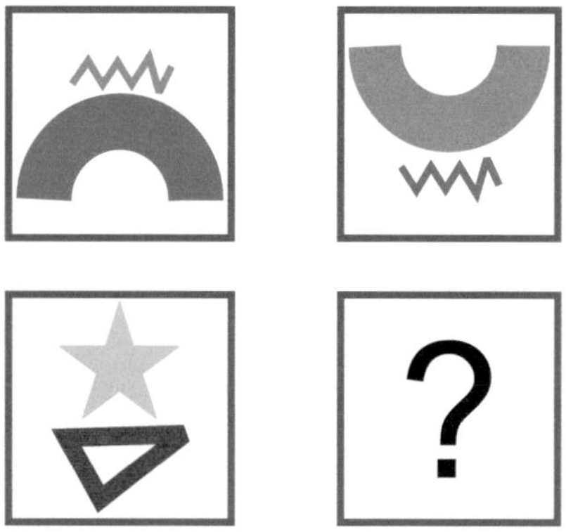

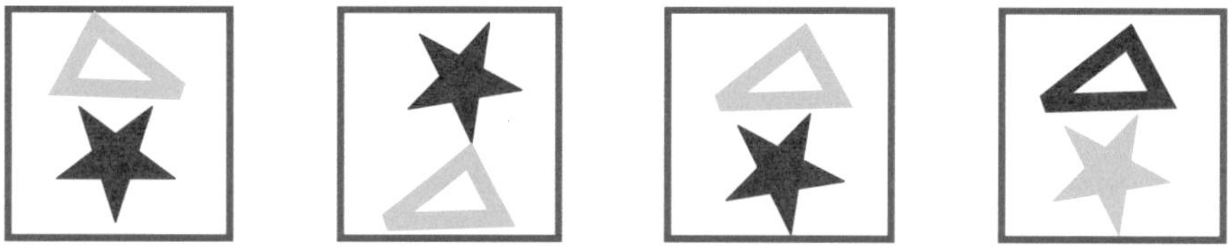

(A) ○ (B) ○ (C) ○ (D) ○

4)

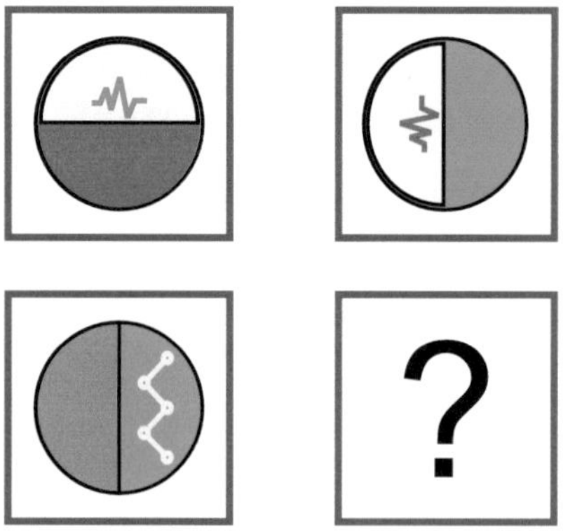

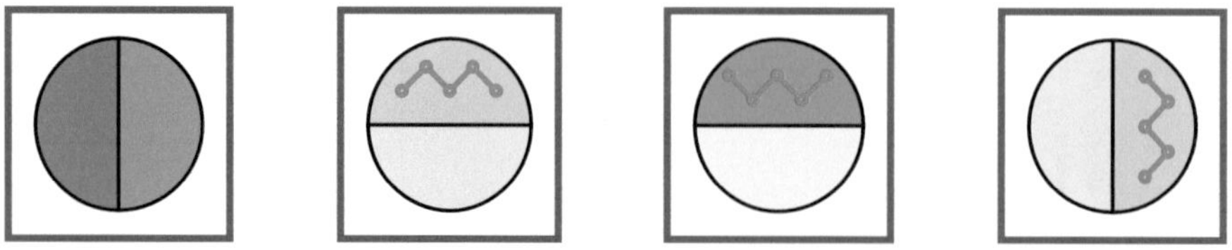

(A) ○ (B) ○ (C) ○ (D) ○

5)

?

(A) ○

(B) ○

(C) ○

(D) ○

6)

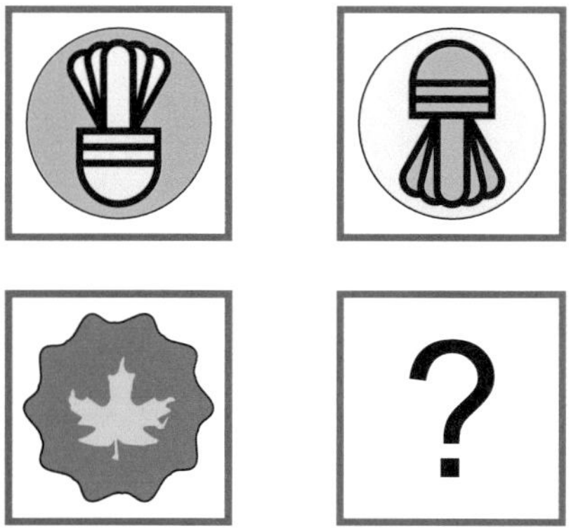
?

(A) ○

(B) ○

(C) ○

(D) ○

7)

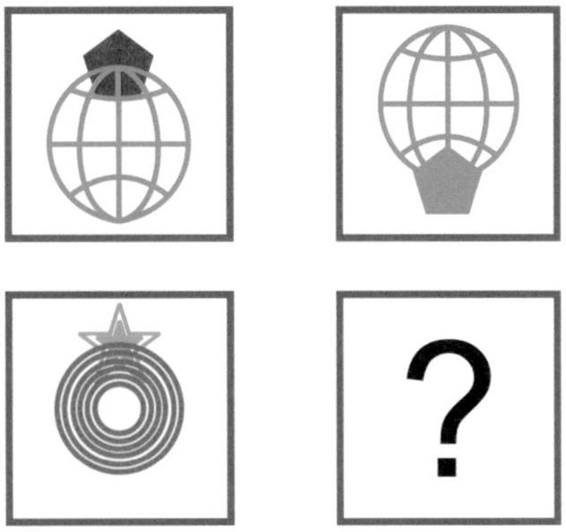

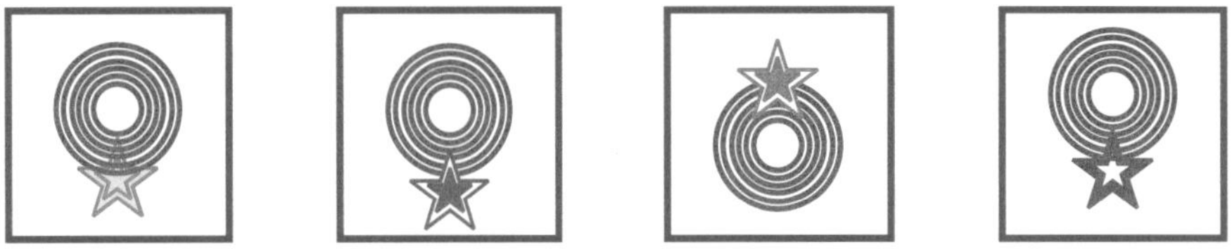

(A) ○ (B) ○ (C) ○ (D) ○

8)

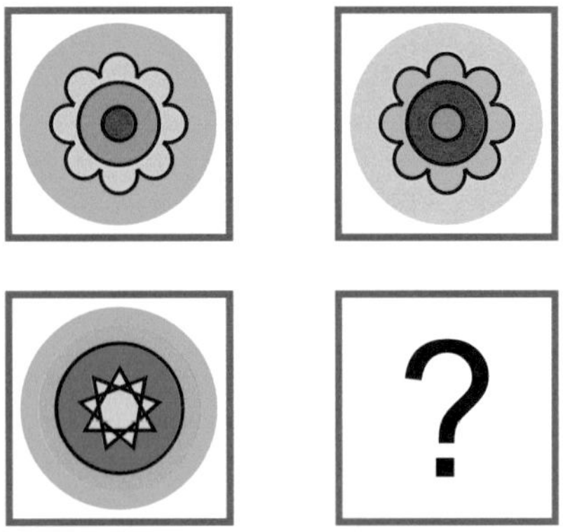

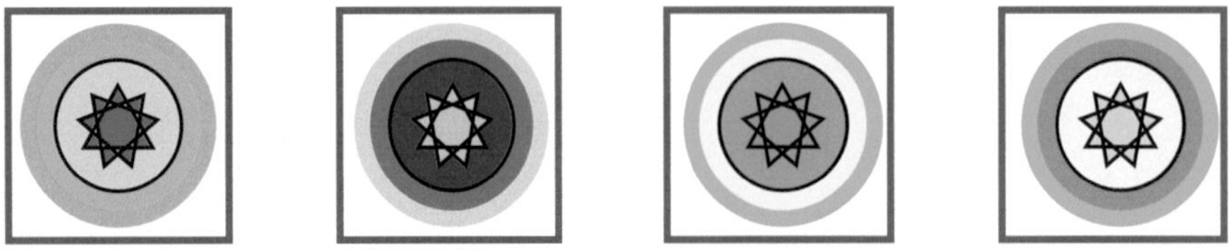

(A) ○ (B) ○ (C) ○ (D) ○

9)

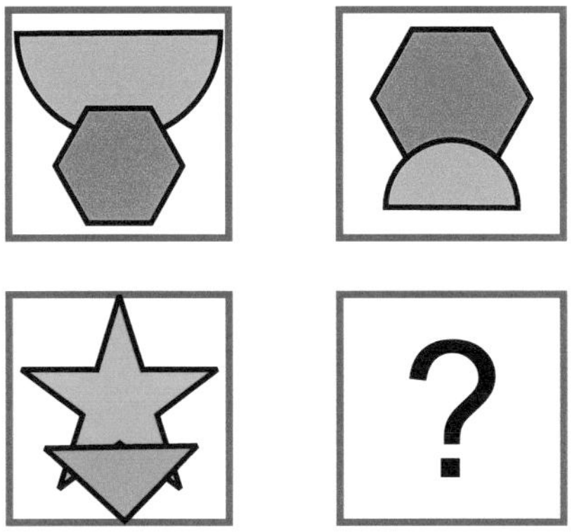

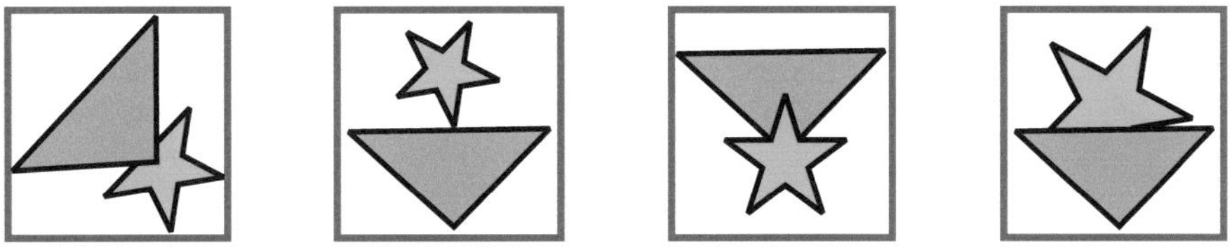

(A) ○ (B) ○ (C) ○ (D) ○

10)

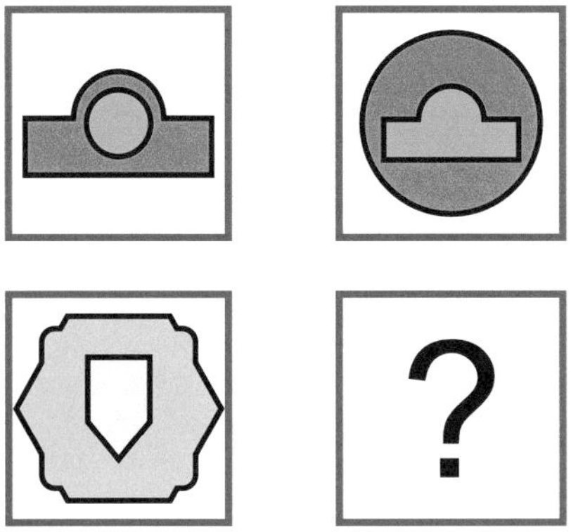

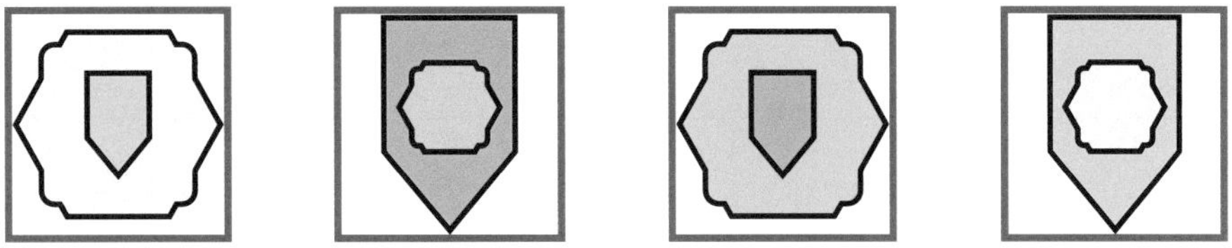

(A) ○ (B) ○ (C) ○ (D) ○

11)

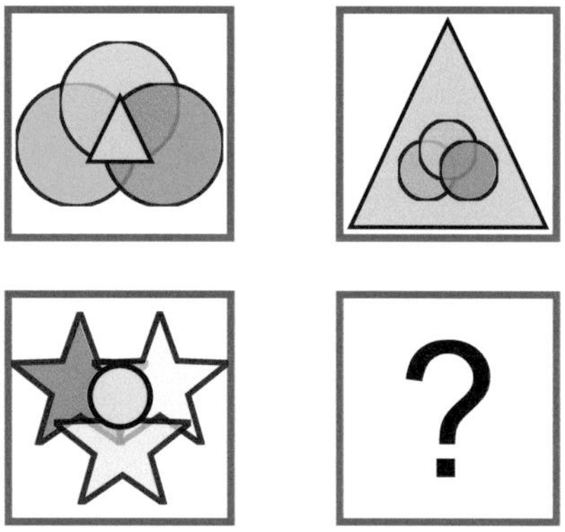

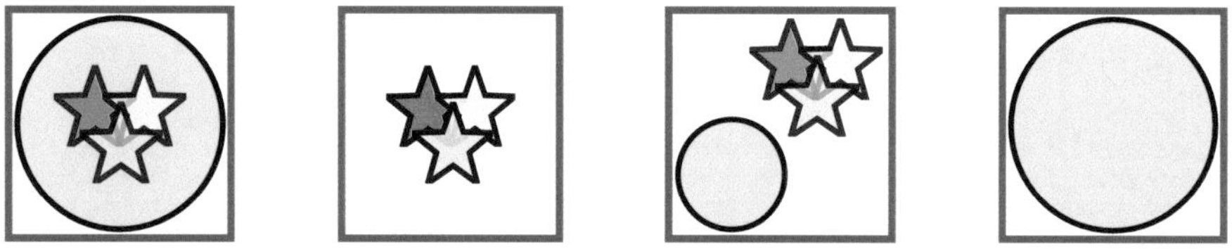

(A) ○ (B) ○ (C) ○ (D) ○

12)

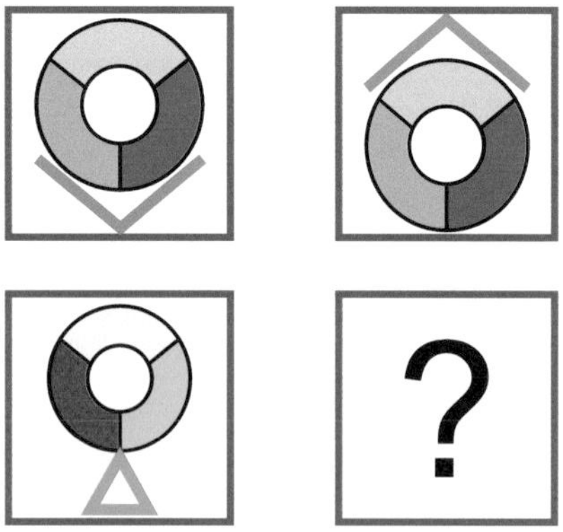

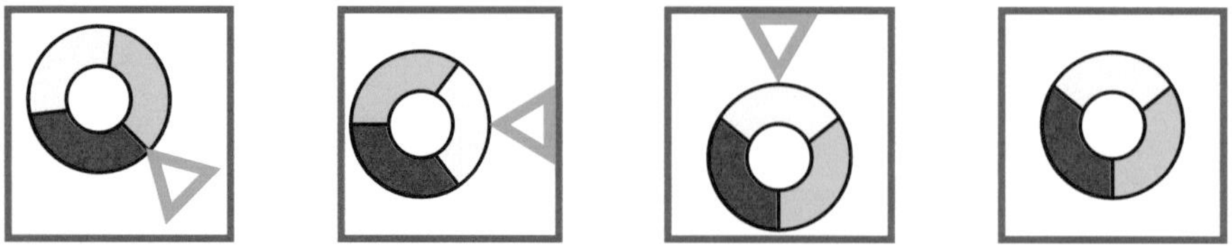

(A) ○ (B) ○ (C) ○ (D) ○

13)

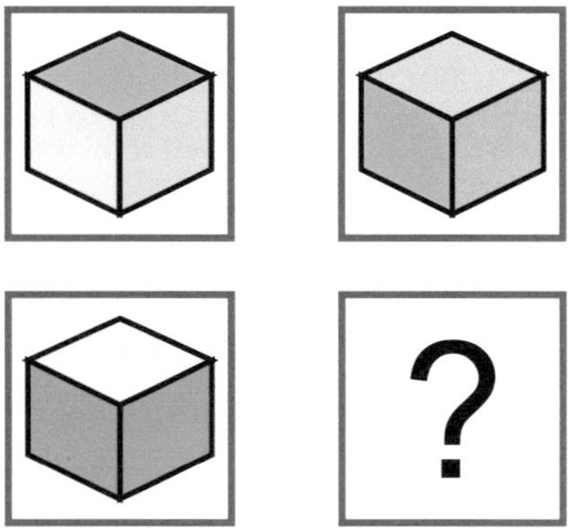

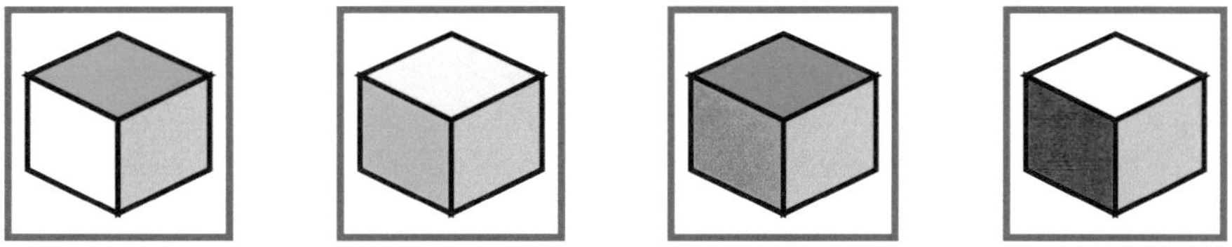

(A) ○ (B) ○ (C) ○ (D) ○

14)

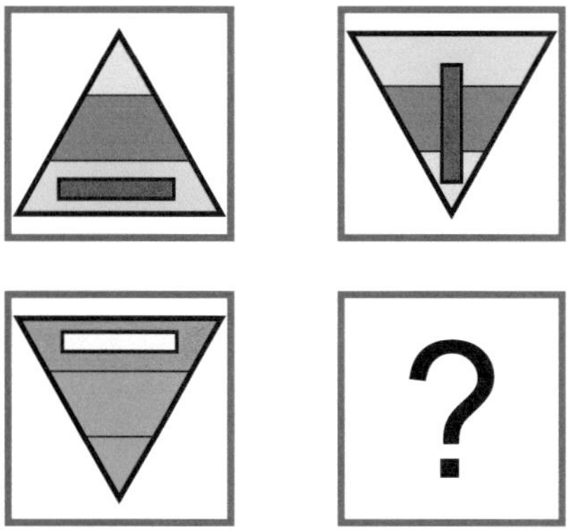

(A) ○ (B) ○ (C) ○ (D) ○

15)

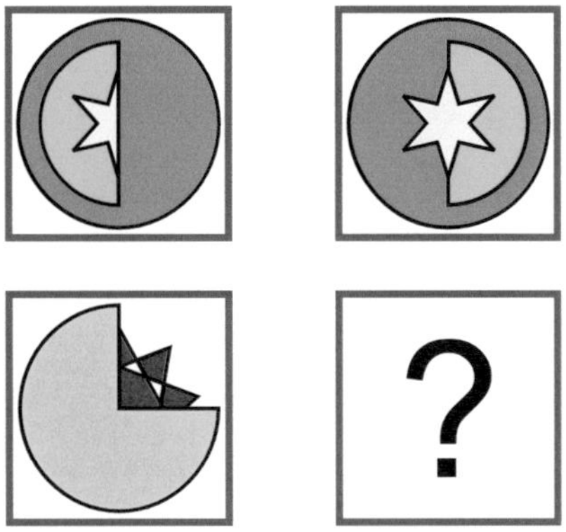
?

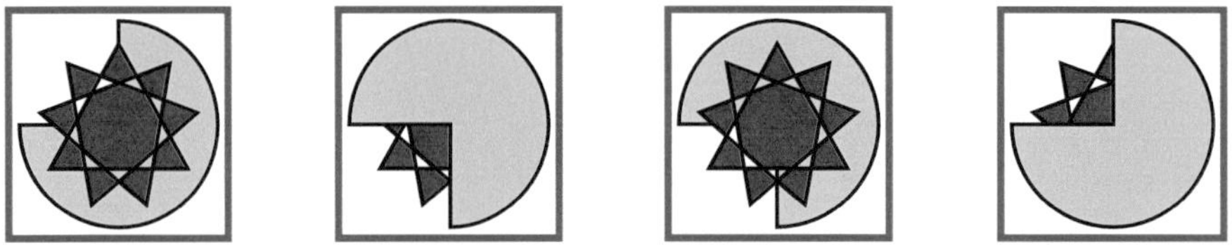

(A) ○ (B) ○ (C) ○ (D) ○

16)

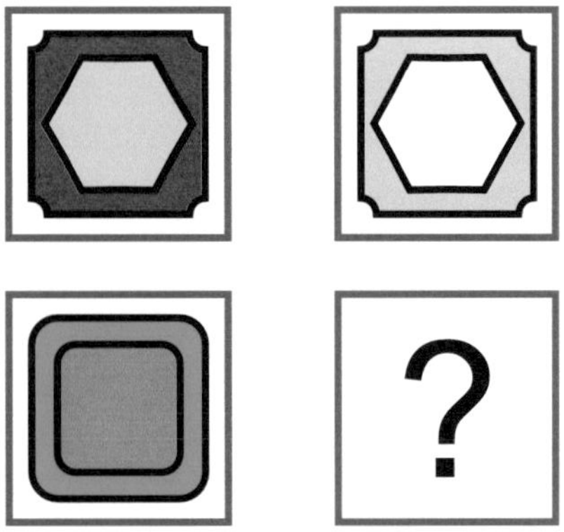
?

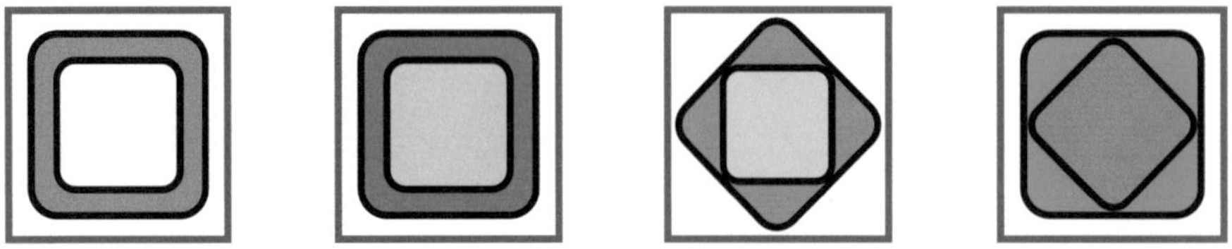

(A) ○ (B) ○ (C) ○ (D) ○

17)

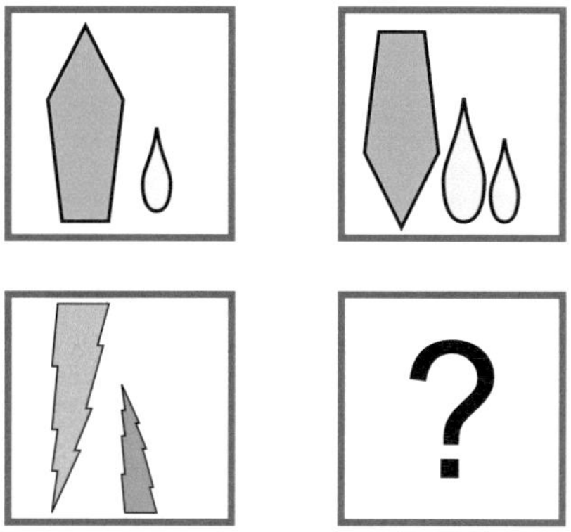

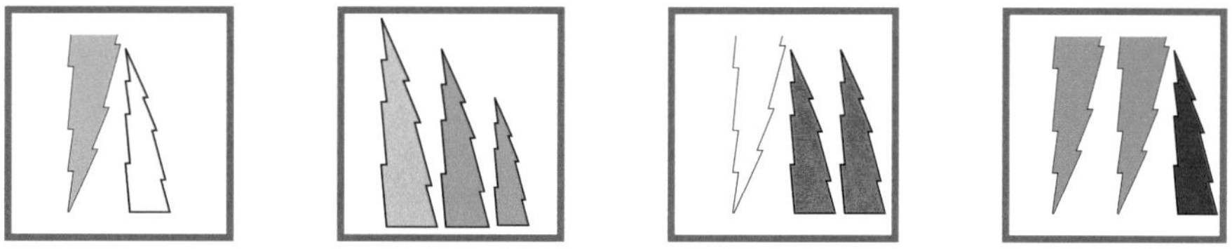

(A) ○ (B) ○ (C) ○ (D) ○

18)

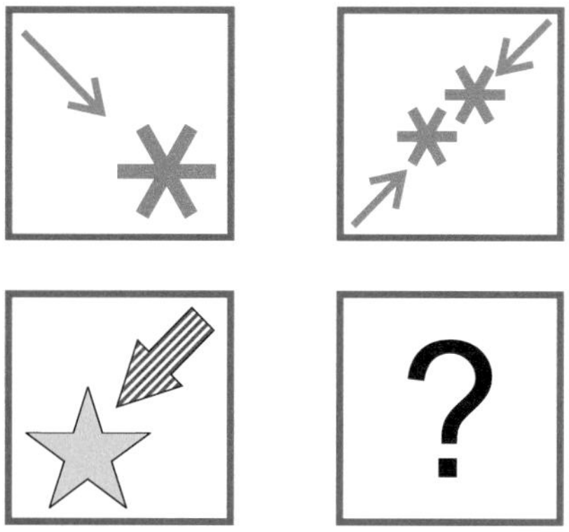

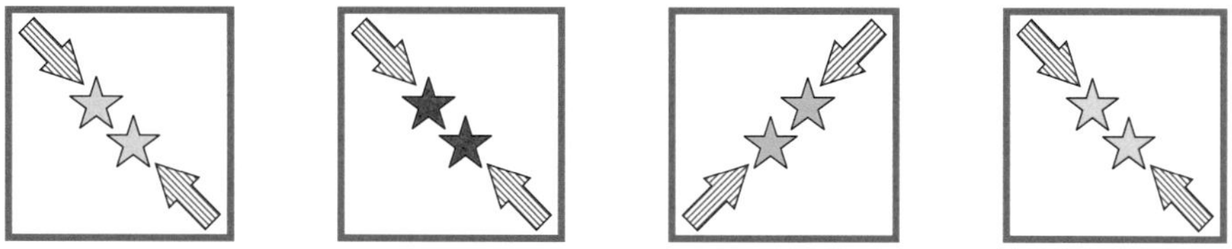

(A) ○ (B) ○ (C) ○ (D) ○

19)

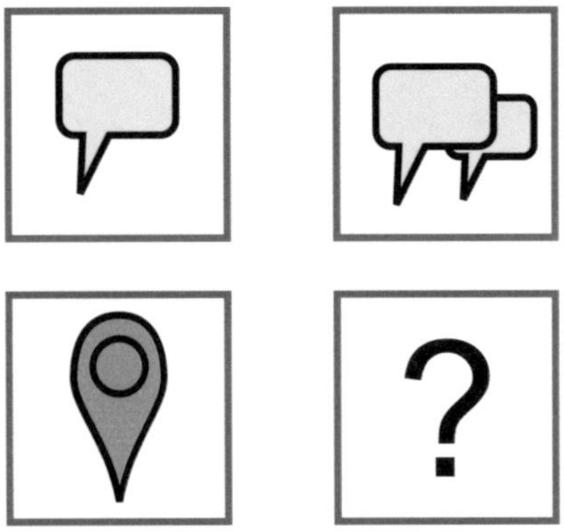

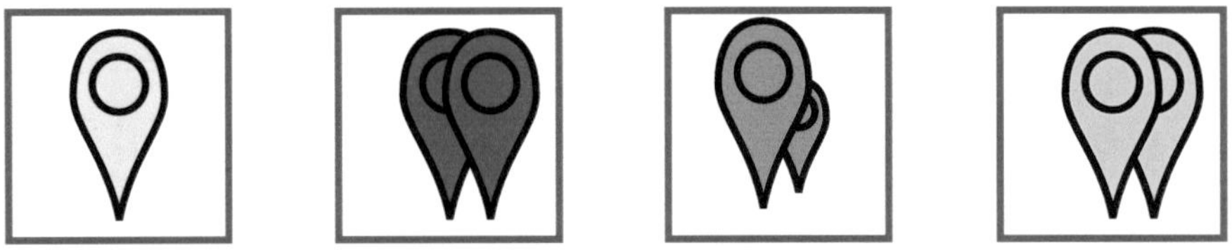

(A) ○ (B) ○ (C) ○ (D) ○

20)

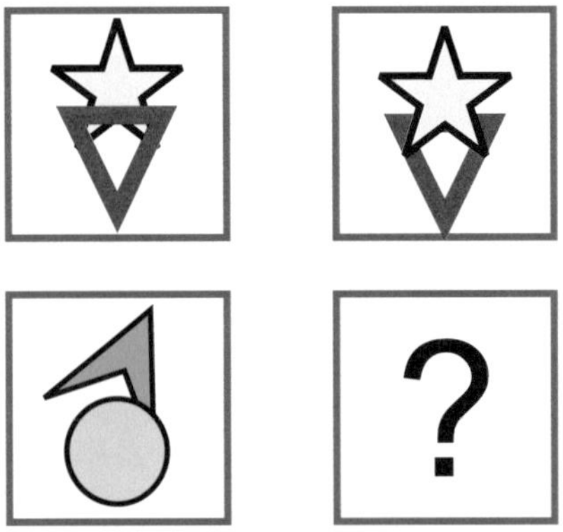

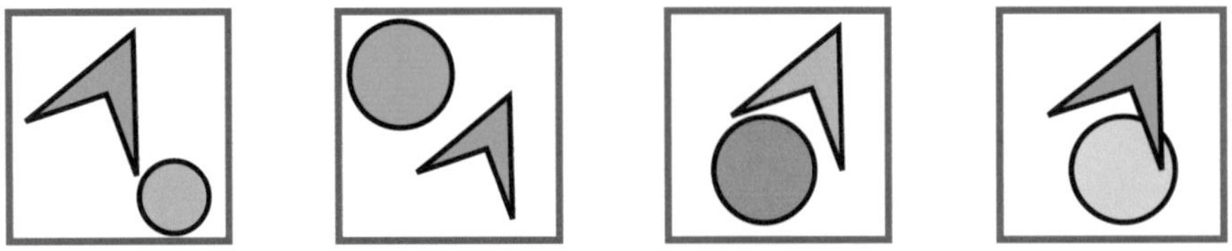

(A) ○ (B) ○ (C) ○ (D) ○

21)

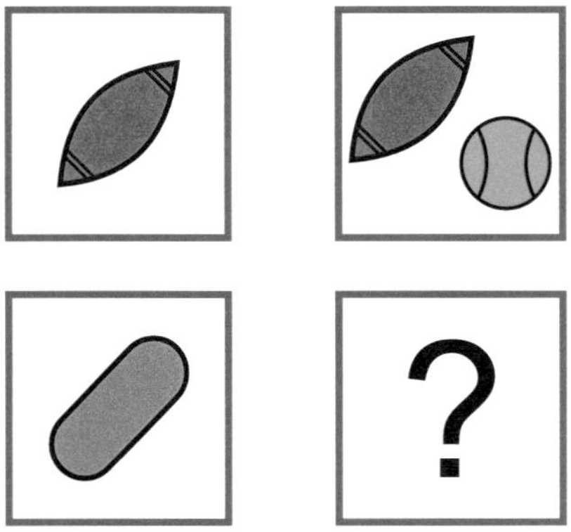

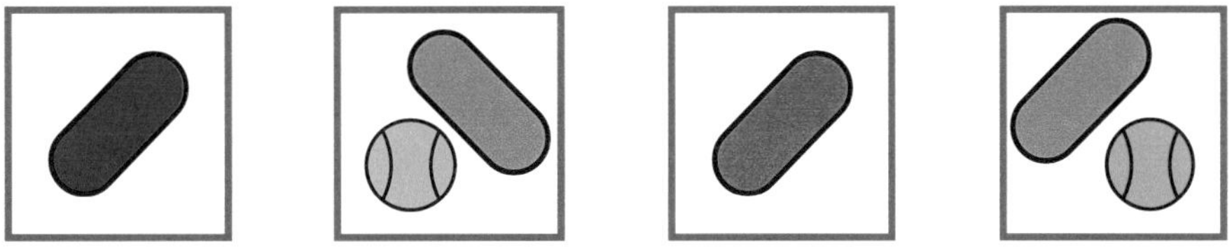

(A) ○ (B) ○ (C) ○ (D) ○

22)

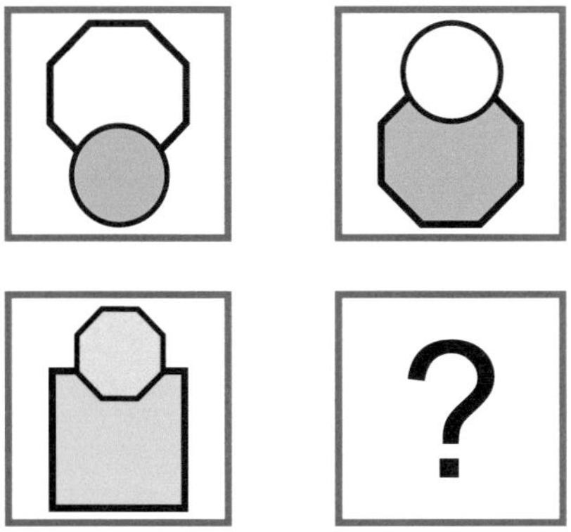

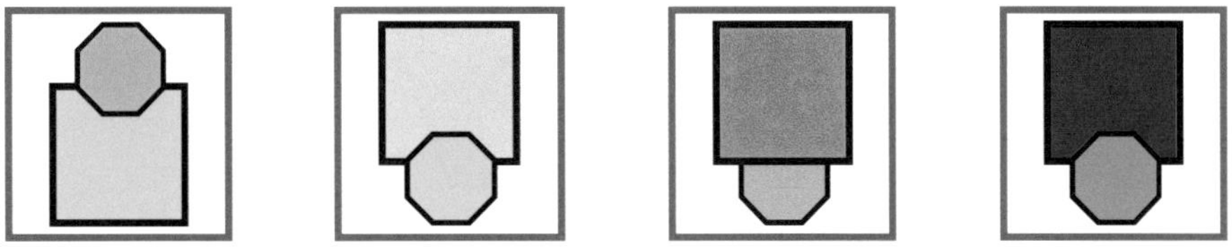

(A) ○ (B) ○ (C) ○ (D) ○

23)

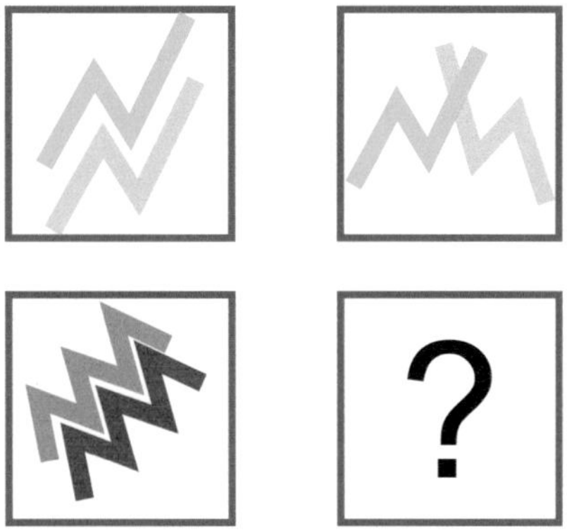

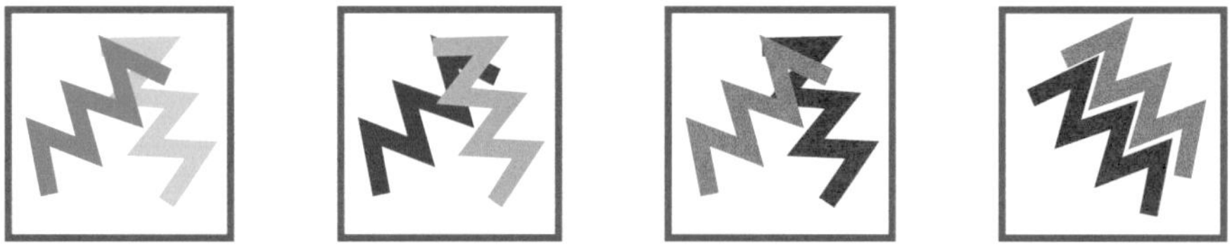

(A) ○ (B) ○ (C) ○ (D) ○

24)

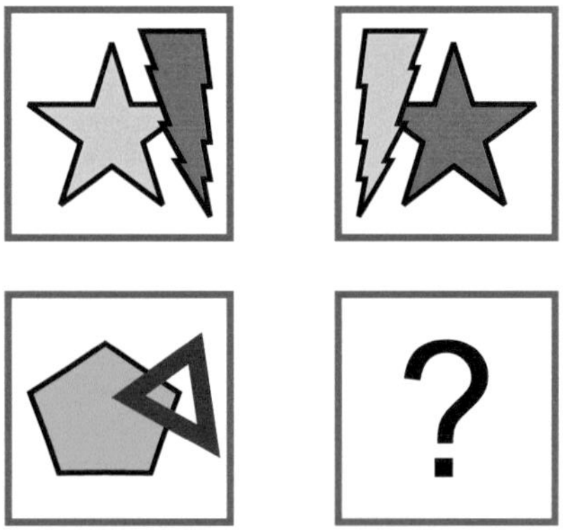

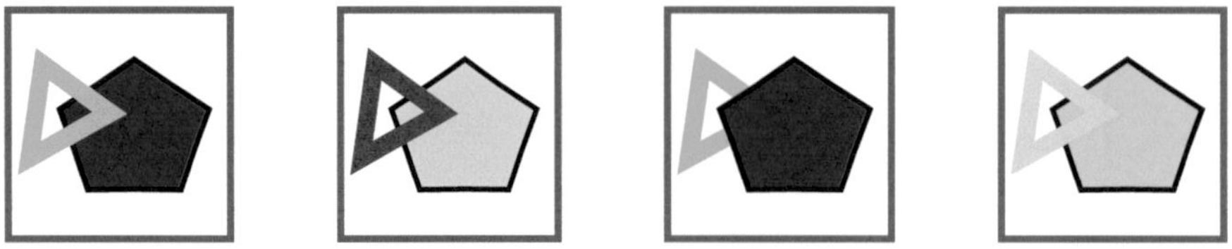

(A) ○ (B) ○ (C) ○ (D) ○

25)

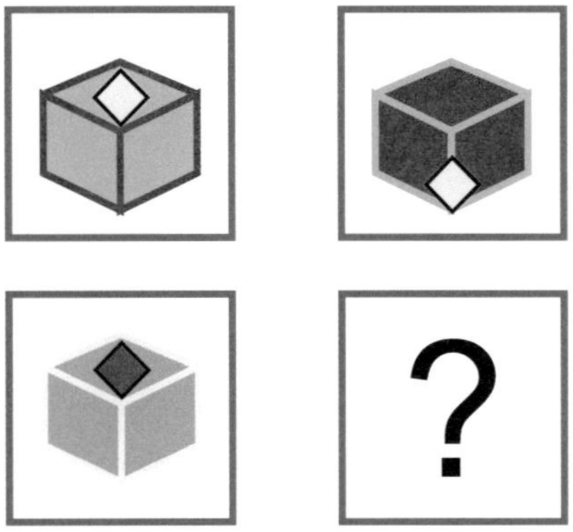

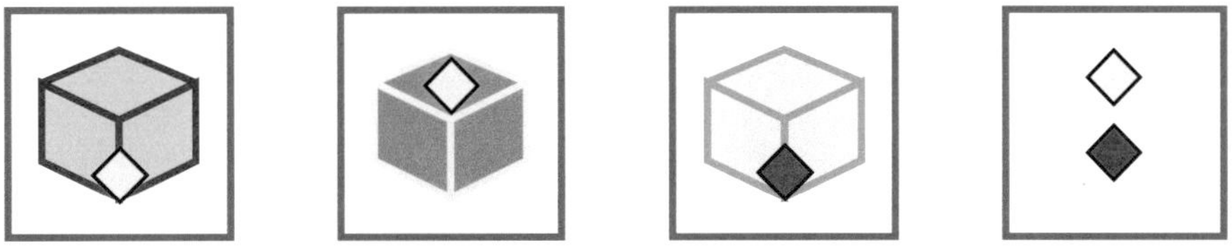

(A) ○ (B) ○ (C) ○ (D) ○

26)

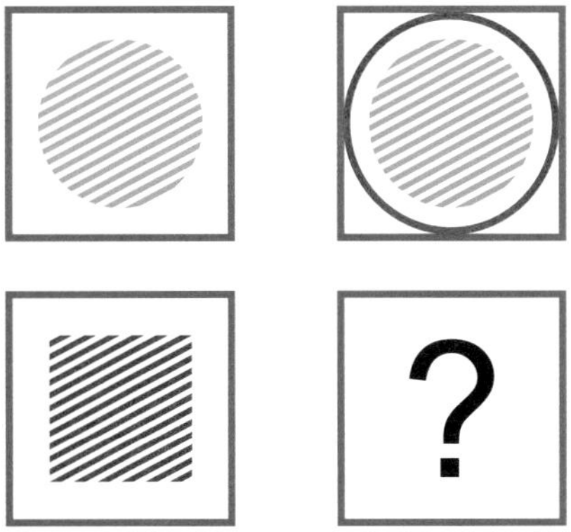

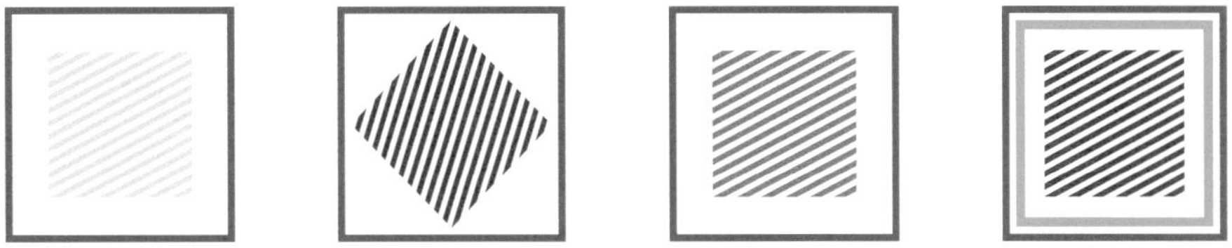

(A) ○ (B) ○ (C) ○ (D) ○

27)

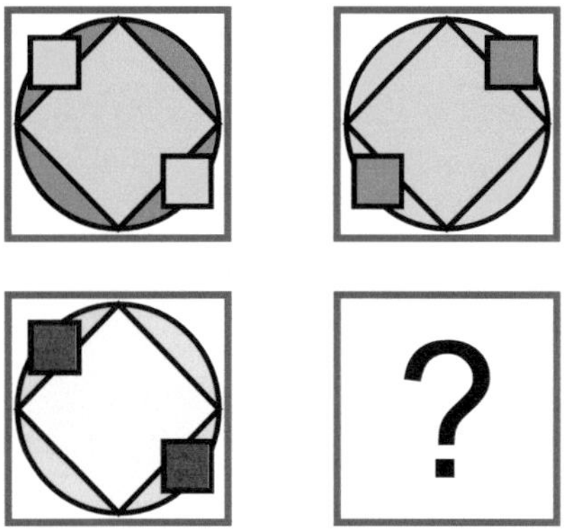
?

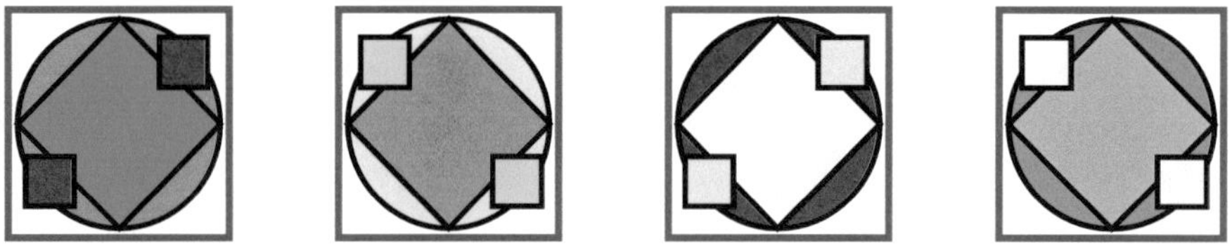

(A) ○ (B) ○ (C) ○ (D) ○

28)

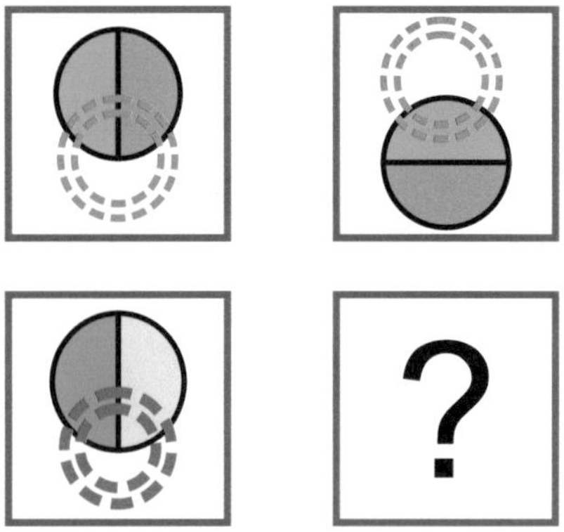
?

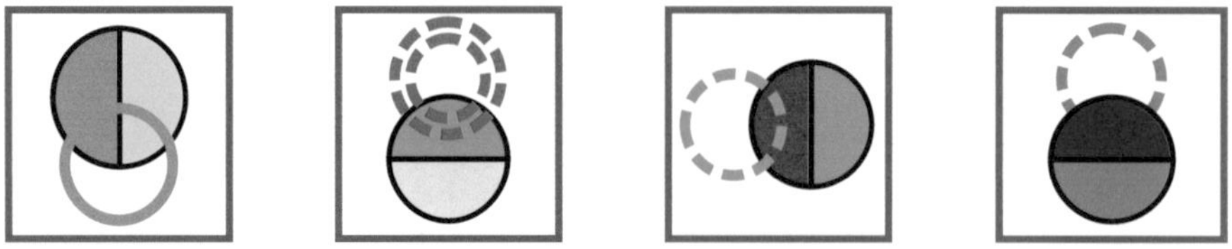

(A) ○ (B) ○ (C) ○ (D) ○

29)

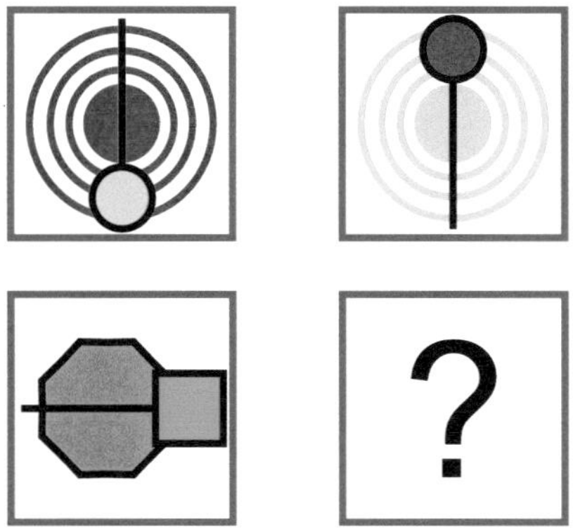

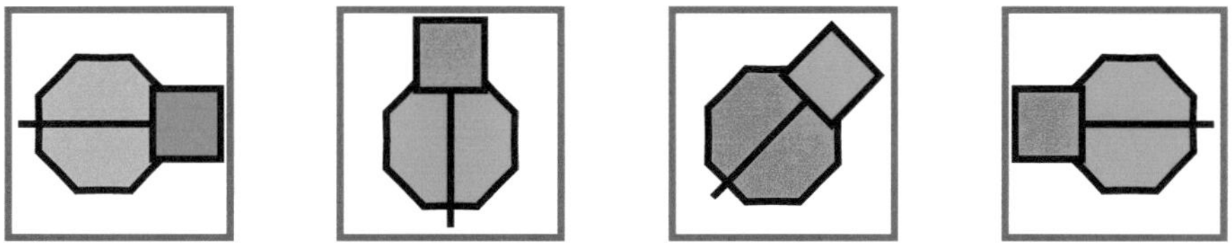

(A) ○ (B) ○ (C) ○ (D) ○

30)

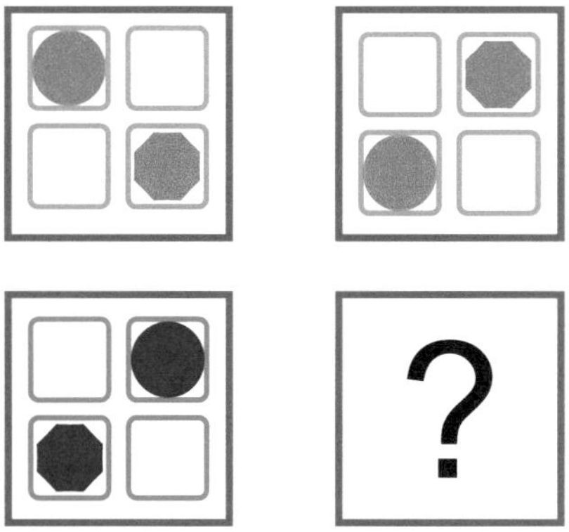

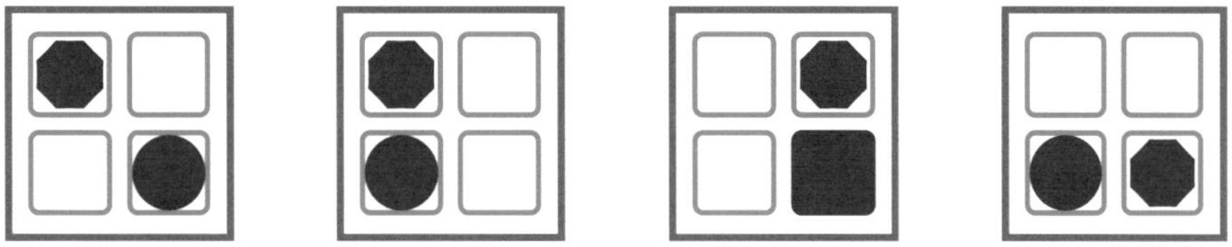

(A) ○ (B) ○ (C) ○ (D) ○

# Answer Keys

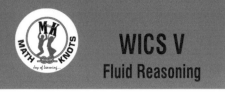

| | | | |
|---|---|---|---|
| 1. | C | 16. | A |
| 2. | D | 17. | B |
| 3. | A | 18. | A |
| 4. | C | 19. | C |
| 5. | B | 20. | D |
| 6. | D | 21. | D |
| 7. | B | 22. | B |
| 8. | A | 23. | C |
| 9. | C | 24. | A |
| 10. | D | 25. | C |
| 11. | A | 26. | D |
| 12. | C | 27. | C |
| 13. | A | 28. | B |
| 14. | D | 29. | D |
| 15. | A | 30. | A |

1.

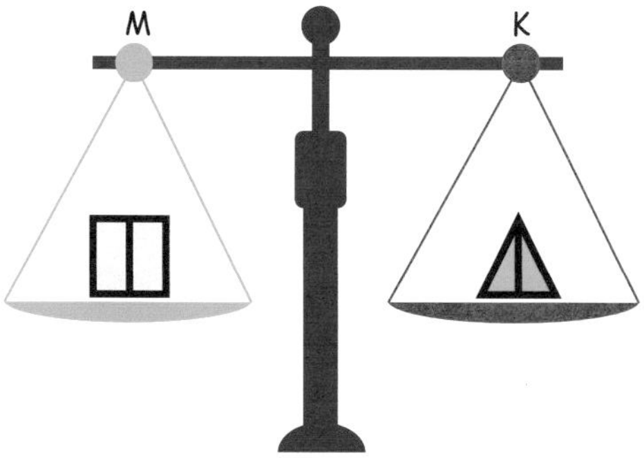
M
K

(A) =
(B) =
(C) =
(D) =

2.

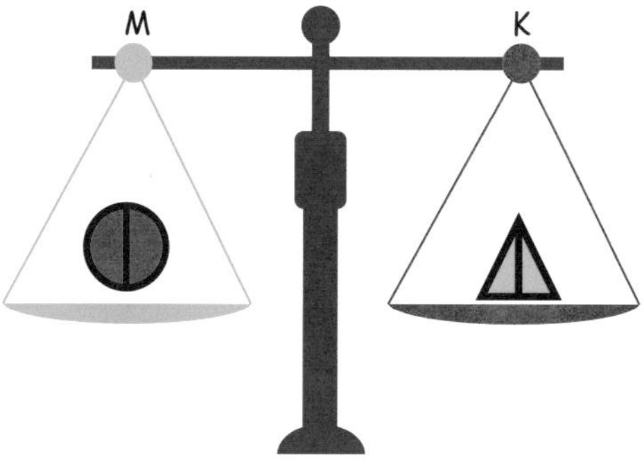
M
K

(A) =
(B) =
(C) =
(D) =

3.

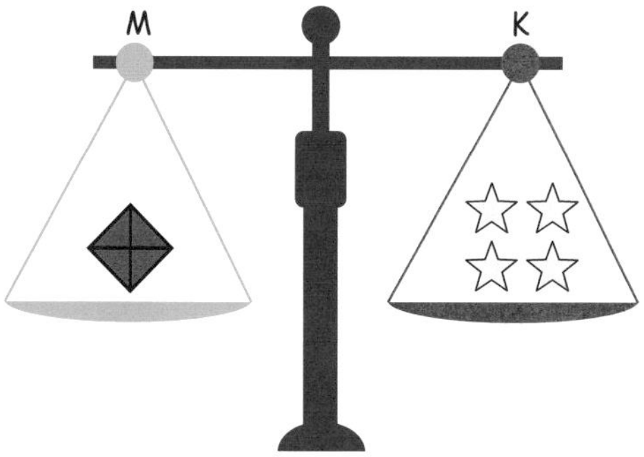
M
K

(A) =
(B) =
(C) =
(D) =

4.

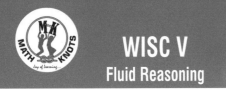

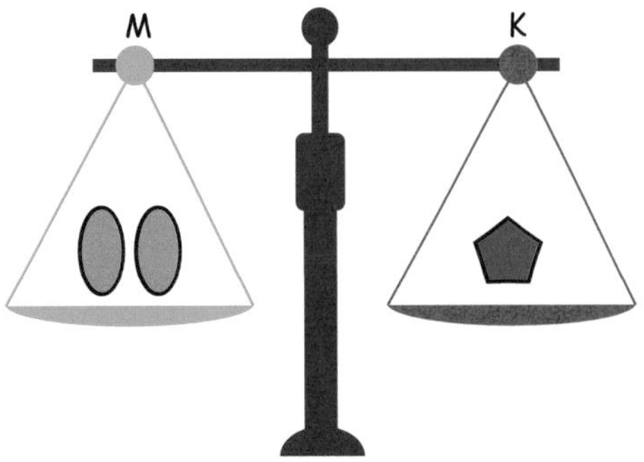

(A) ◯ = ⬟   (B) ◯◯ = ◀   (C) ◯ = ◀   (D) ◯ = ▲

5.

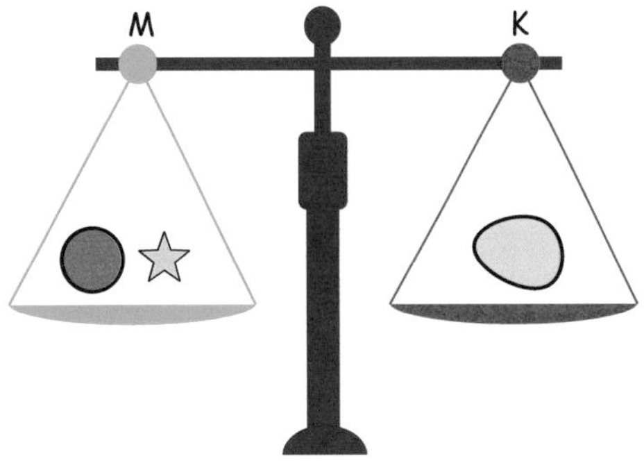

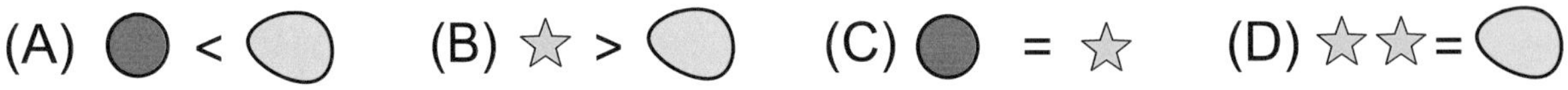

(A) ● < ◯   (B) ☆ > ◯   (C) ● = ☆   (D) ☆☆ = ◯

6.

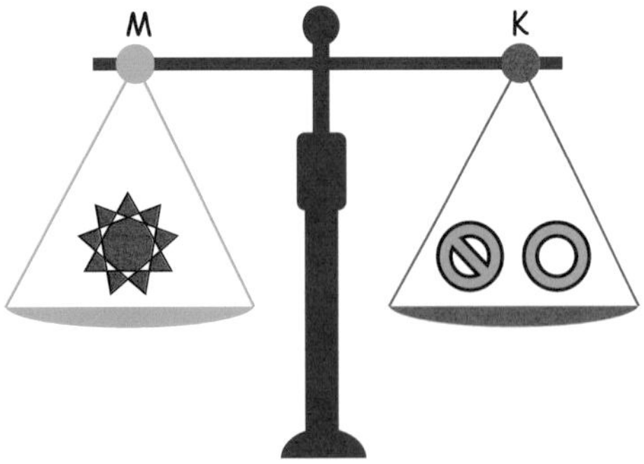

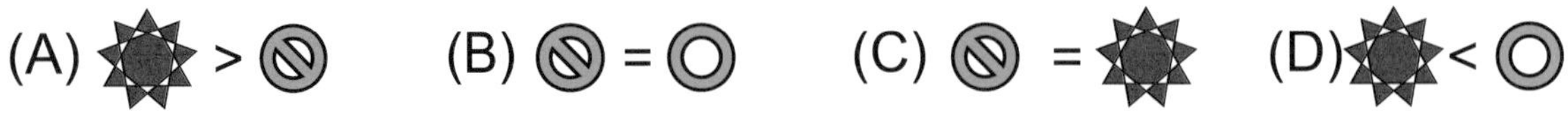

(A) ✸ > ⊘   (B) ⊘ = ◯   (C) ⊘ = ✸   (D) ✸ < ◯

7.

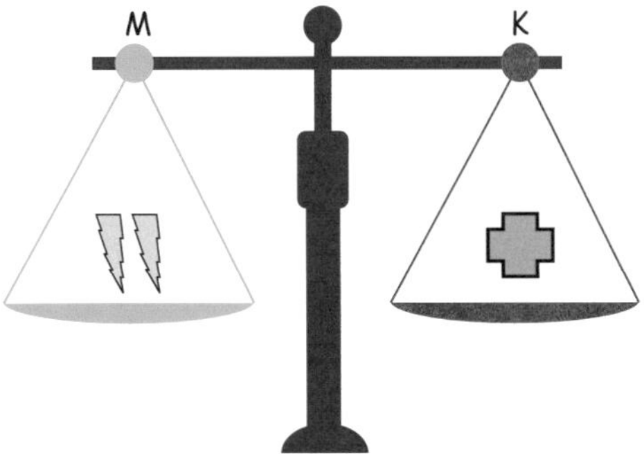
M
K

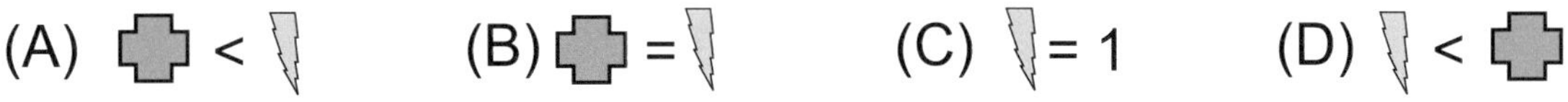
(A) <
(B) =
(C) = 1
(D) <

8.

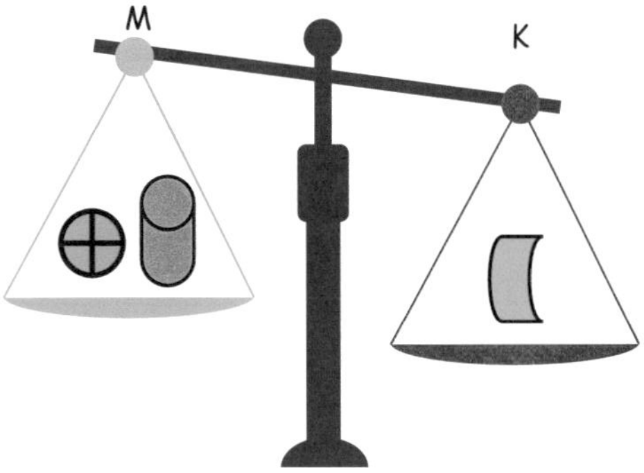
M
K

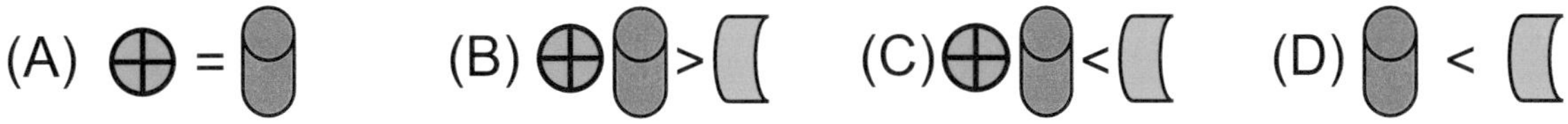
(A) =
(B) >
(C) <
(D) <

9.

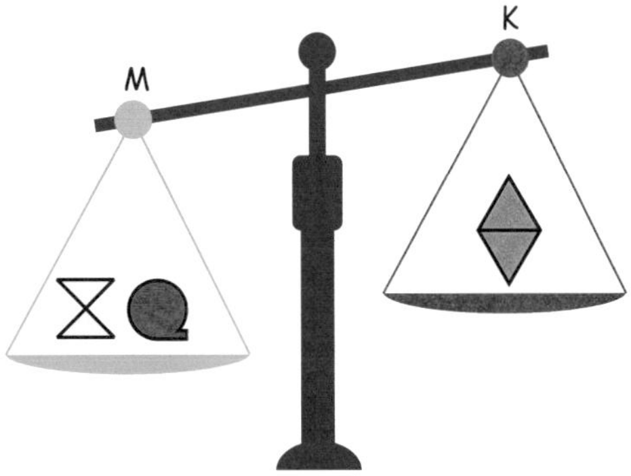
K
M

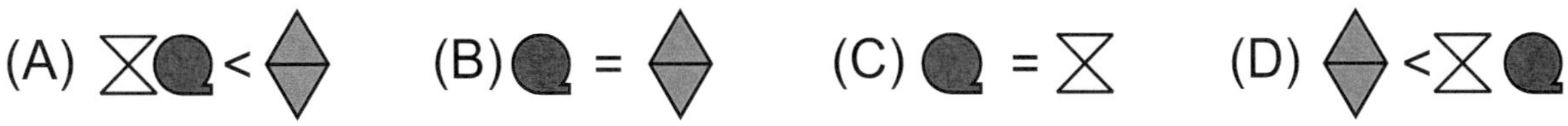
(A) <
(B) =
(C) =
(D) <

10.

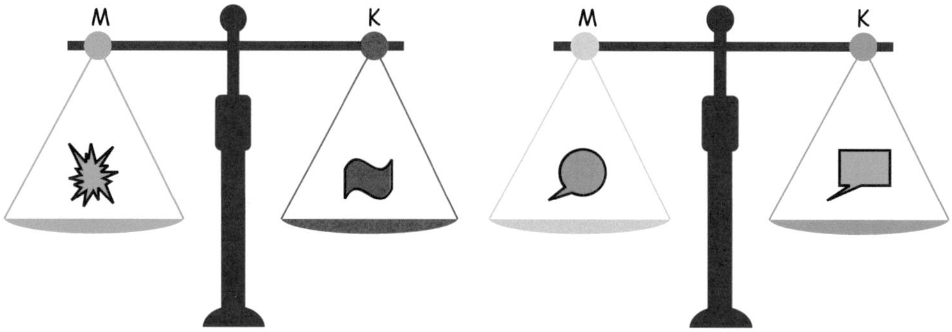
M
K
M
K

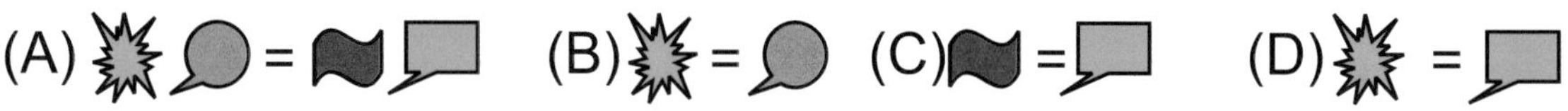
(A) =
(B) =
(C) =
(D) =

11.

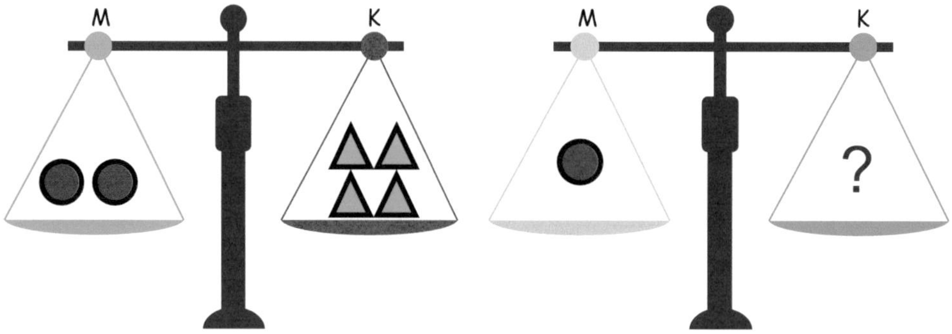
M
K
M
K
?

(A)
(B)
(C)
(D)

12.

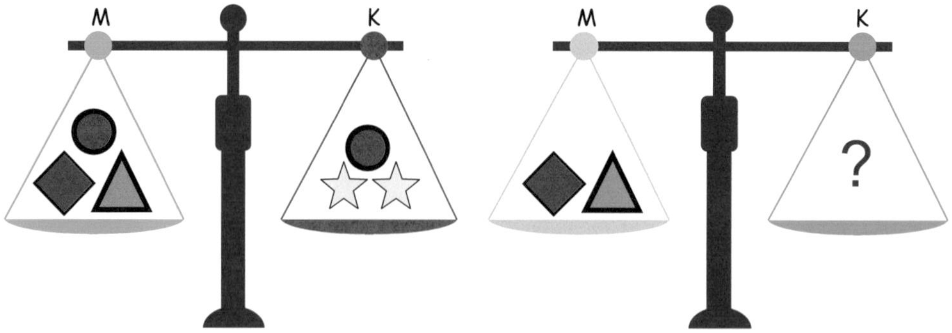
M
K
M
K
?

(A)
(B)
(C)
(D)

13. 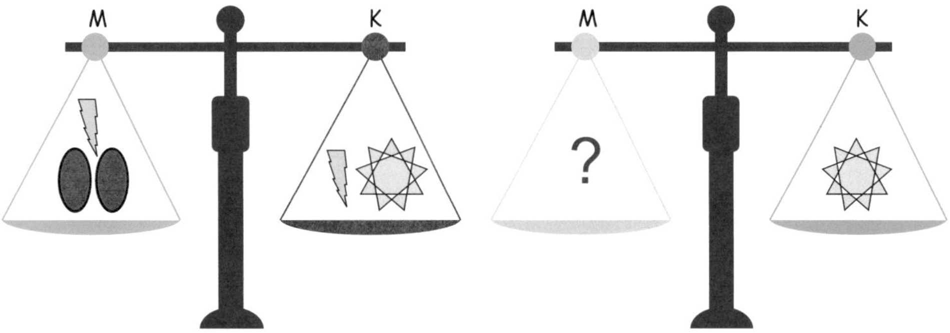
M
K
M
K
?

(A)   (B)   (C)   (D) 

14. 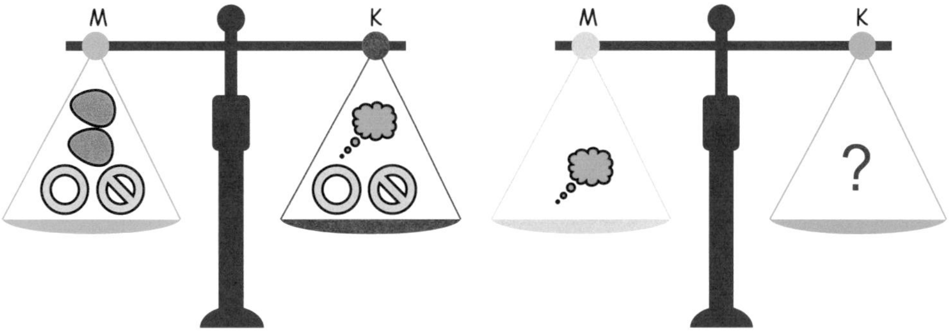
M
K
M
K
?

(A) 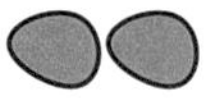  (B)   (C)   (D) 

15. 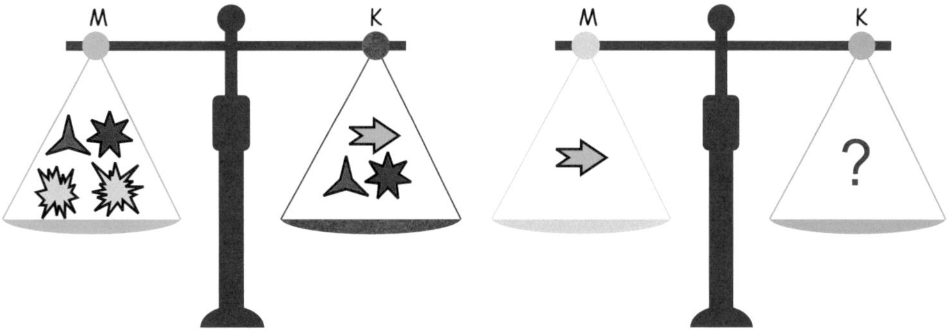
M
K
M
K
?

(A)   (B)   (C)   (D) 

16.

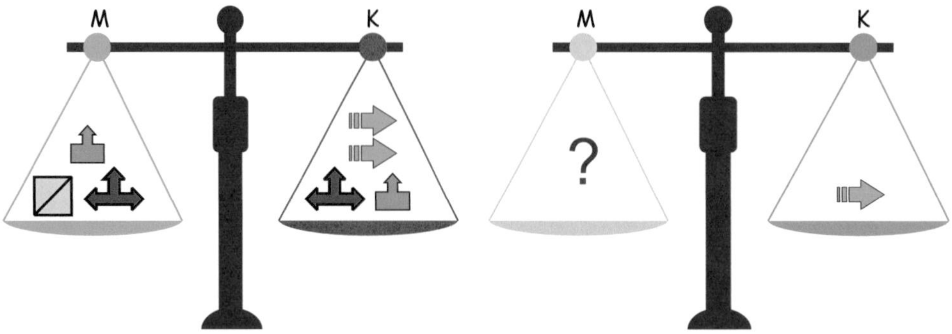
M
K
?
M
K

(A) 
(B) 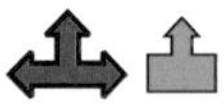
(C) 
(D) 

17.

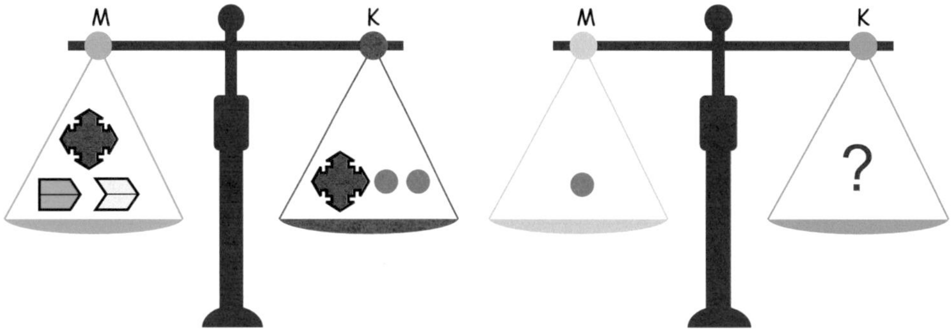
M
K
M
K
?

(A) 
(B) 
(C) 
(D) 

18.

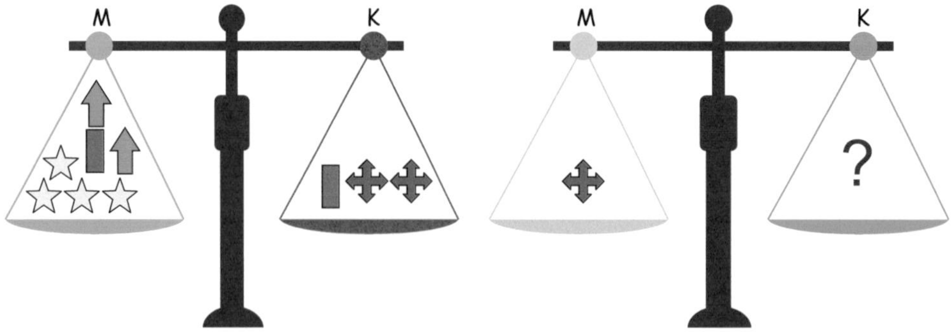
M
K
M
K
?

(A) 
(B) 
(C) 
(D) 

19.

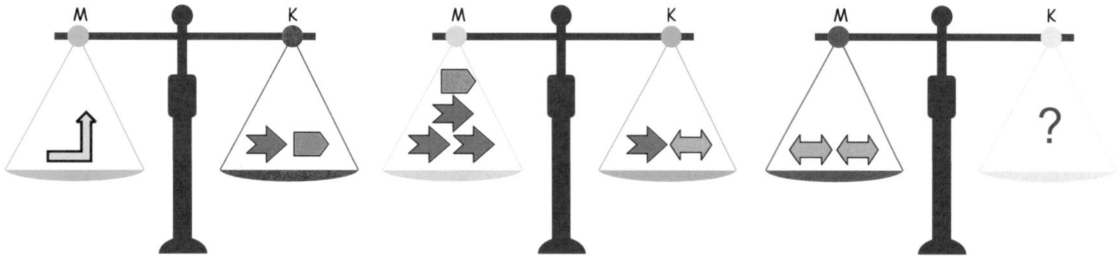

(A)  (B)  (C) 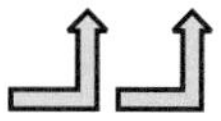 (D) 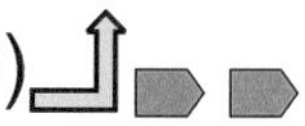

20.

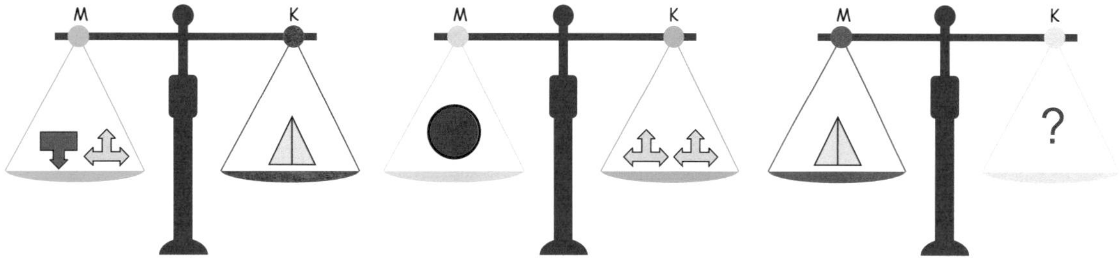

(A) 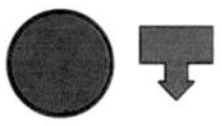 (B) 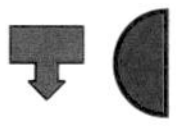 (C) 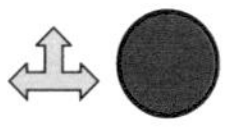 (D) 

21.

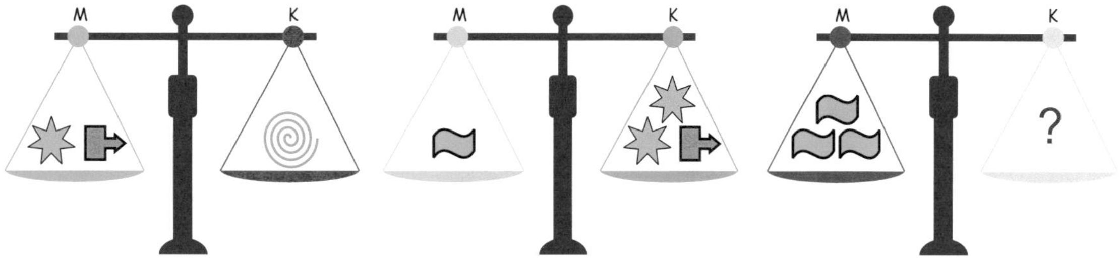

(A)  (B)  (C)  (D) 

22.

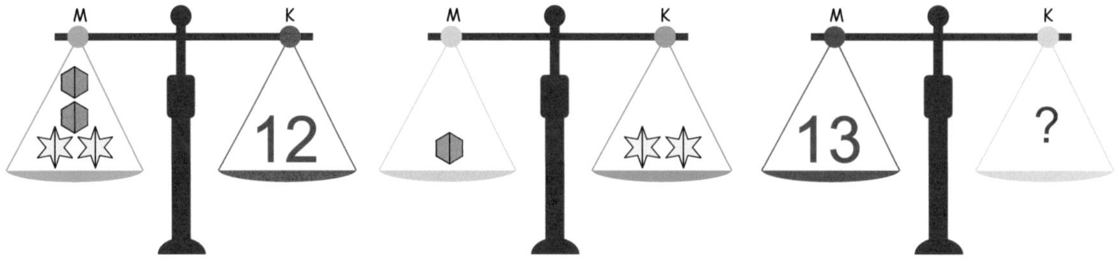
M
K
12
M
K
M
K
13
?

(A)  (B) 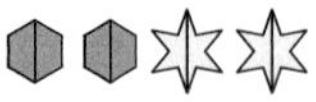 (C)  (D) 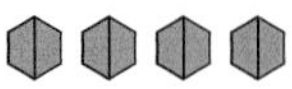

23.

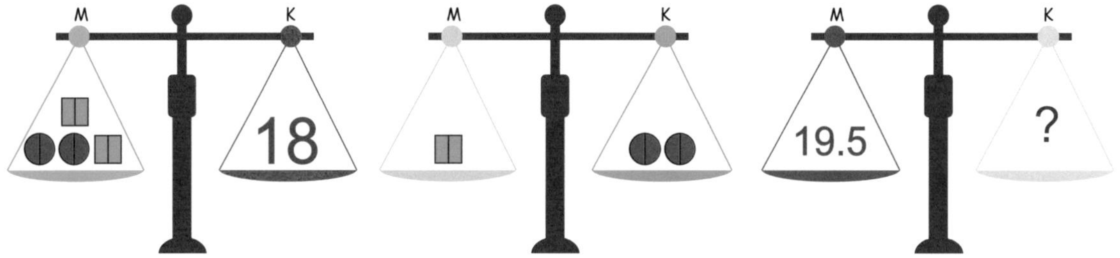
M
K
18
M
K
M
K
19.5
?

(A)  (B) 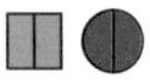 (C) 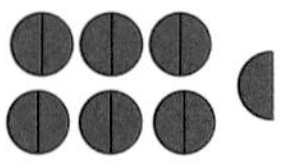 (D) 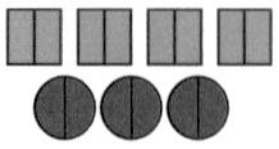

24.

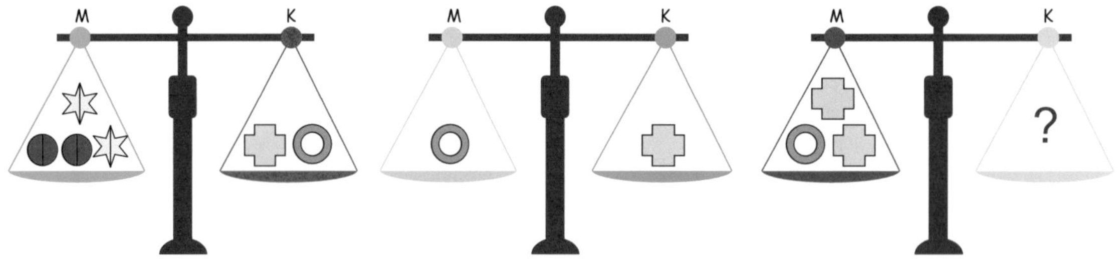
M
K
M
K
M
K
?

(A) 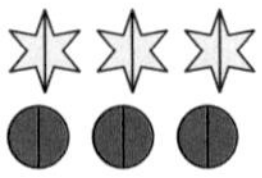 (B)  (C)  (D) 

25.

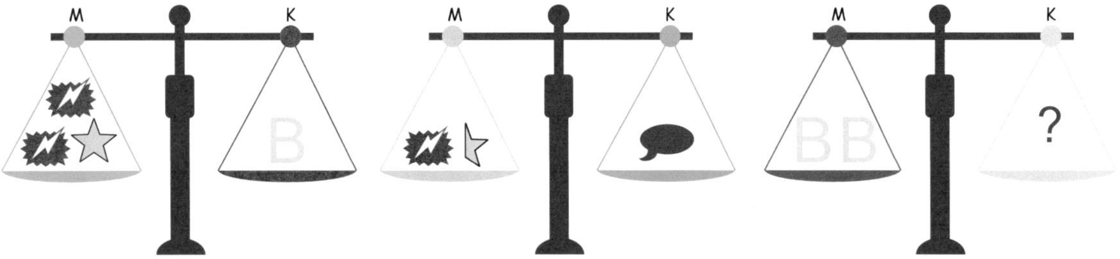
M
K
B
M
K
M
K
BB
?

(A) 

(B) 

(C) 

(D) 

26.

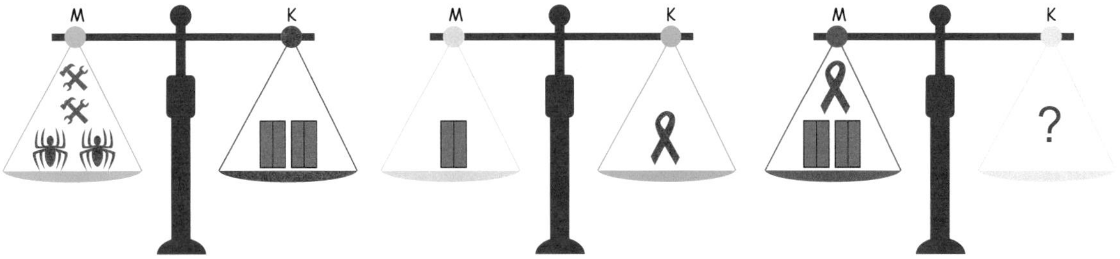
M
K
M
K
M
K
?

(A) 

(B) 

(C) 

(D) 

27.

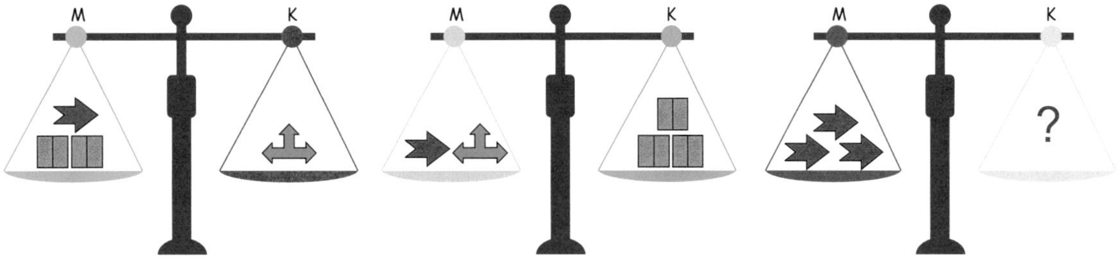
M
K
M
K
M
K
?

(A) 

(B) 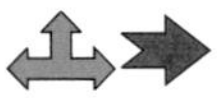

(C) 

(D) 

28.

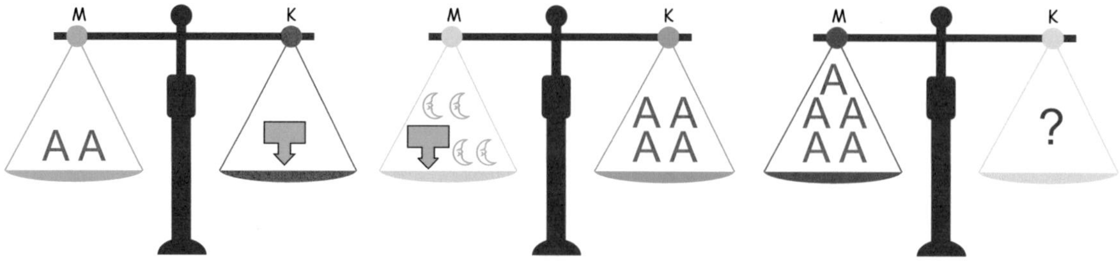
M
K
A A
M
K
A A
A A
M
A
A A
A A
K
?

(A) 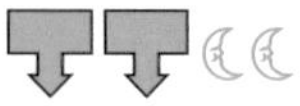 (B)  (C)  (D) 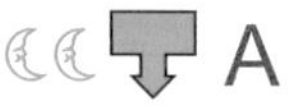

29.

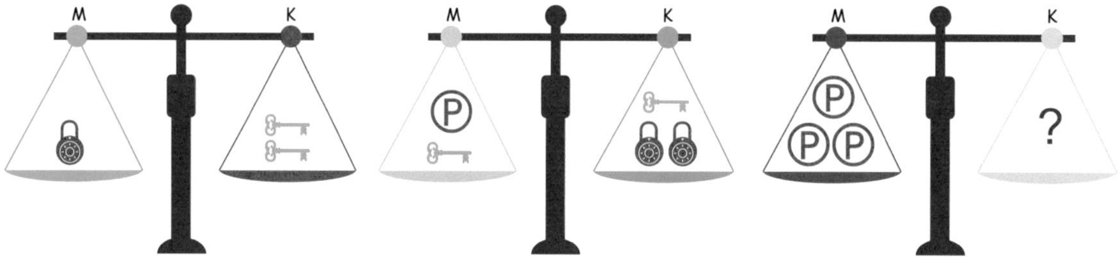
M
K
M
P
K
M
P
P P
K
?

(A)  (B)  (C)  (D) 

30.

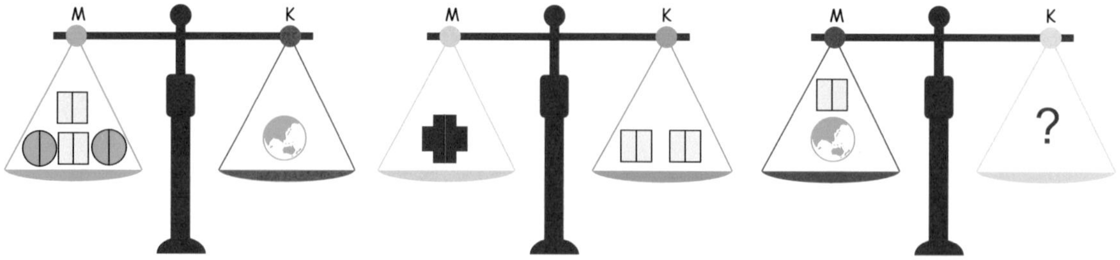
M
K
M
K
M
K
?

(A) 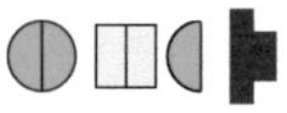 (B) 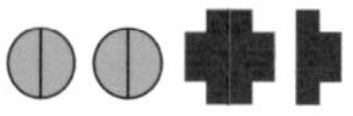 (C)  (D) 

31.

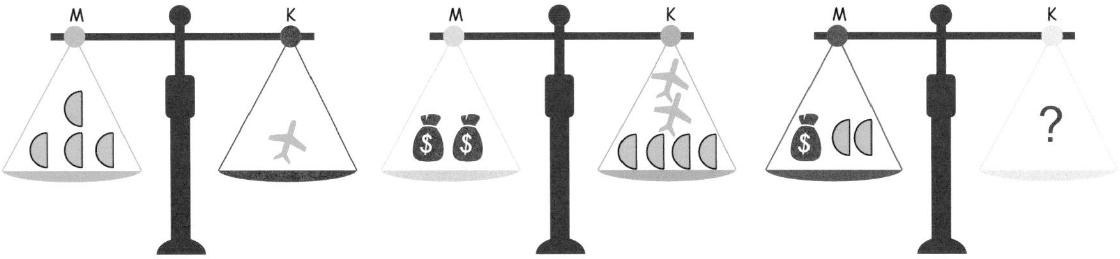
M
K
M
K
M
K
?

(A) 

(B) 

(C) 

(D) 

32.

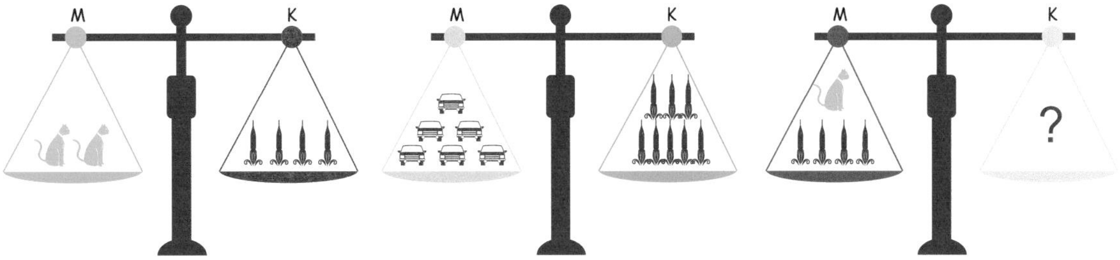
M
K
M
K
M
K
?

(A) 

(B) 

(C) 

(D) 

33.

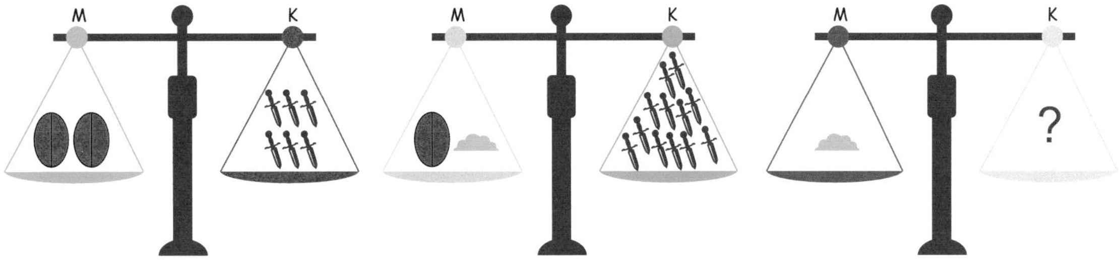
M
K
M
K
M
K
?

(A) 

(B) 

(C) 

(D) 

# Answer Keys

| | | | | | |
|---|---|---|---|---|---|
| 1. | B | 16. | C | 31. | C |
| 2. | D | 17. | A | 32. | C |
| 3. | A | 18. | D | 33. | A |
| 4. | C | 19. | A | | |
| 5. | A | 20. | B | | |
| 6. | A | 21. | D | | |
| 7. | D | 22. | A | | |
| 8. | B | 23. | C | | |
| 9. | D | 24. | A | | |
| 10. | A | 25. | D | | |
| 11. | D | 26. | D | | |
| 12. | A | 27. | C | | |
| 13. | B | 28. | A | | |
| 14. | A | 29. | D | | |
| 15. | D | 30. | B | | |

1.

2.

SKATEBOARD

3.

4.

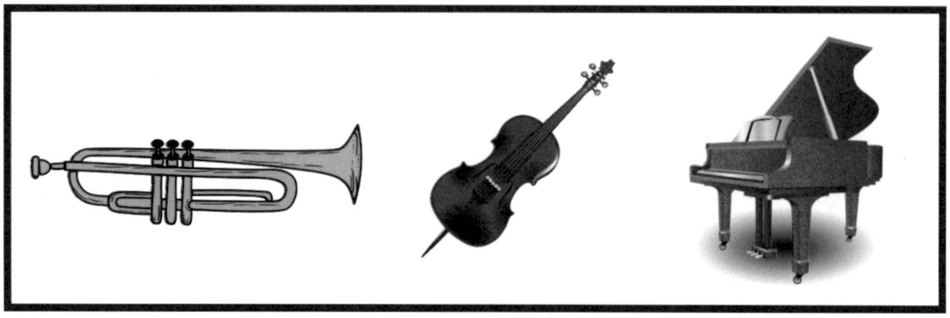

5.

6.

7.

8.

9.

31

10.

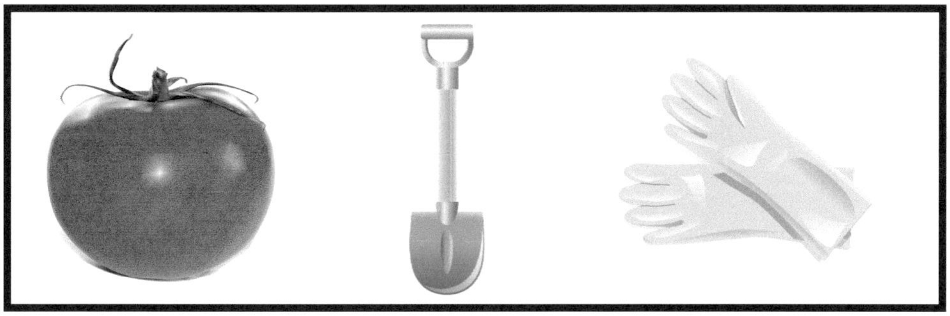

11.

31

12.

A

13.

14.

POLICE

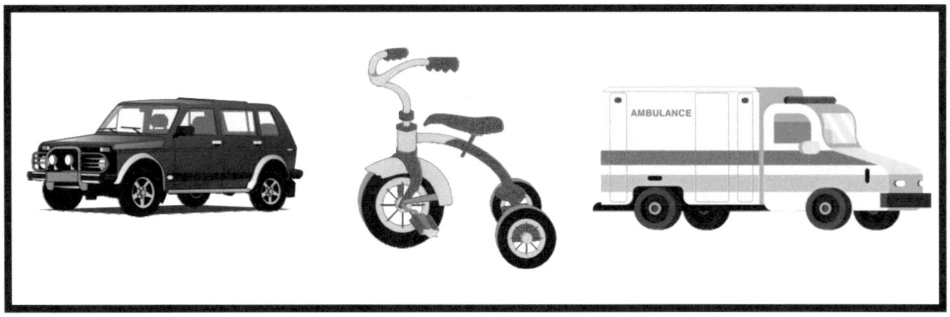
AMBULANCE

15.

Mineral
WATER

16.

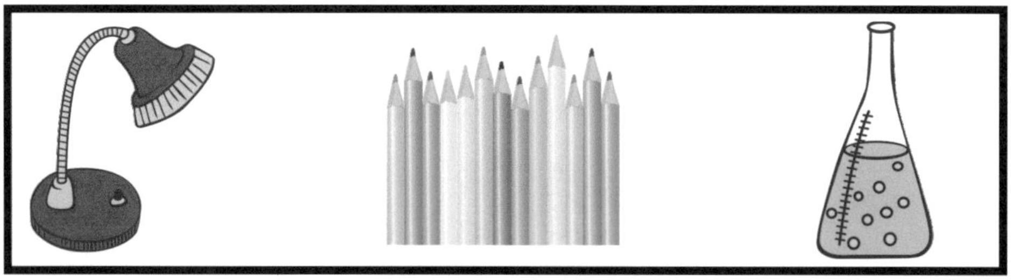

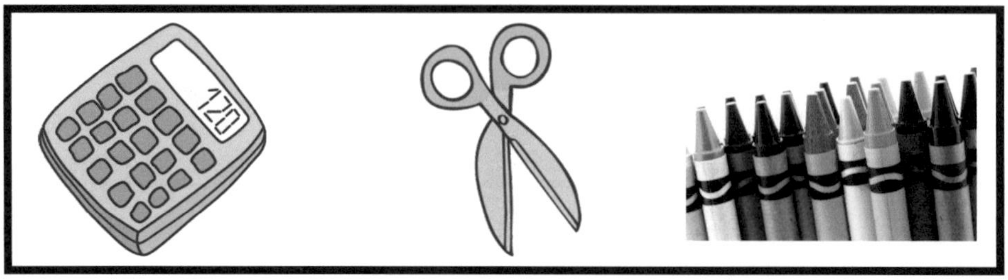
120

17.

SCHOOL

18.

C²=A²+B²
A
C
B

19.

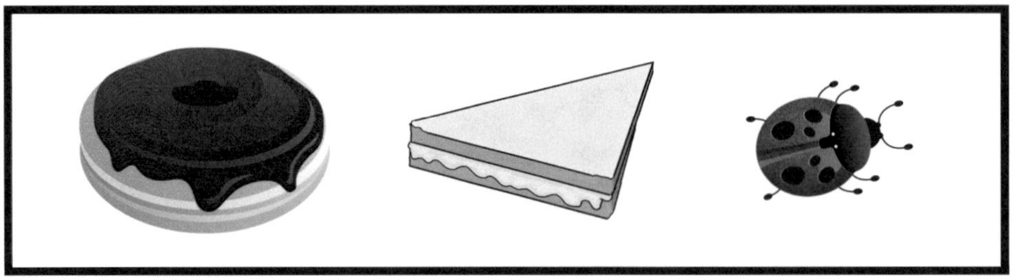

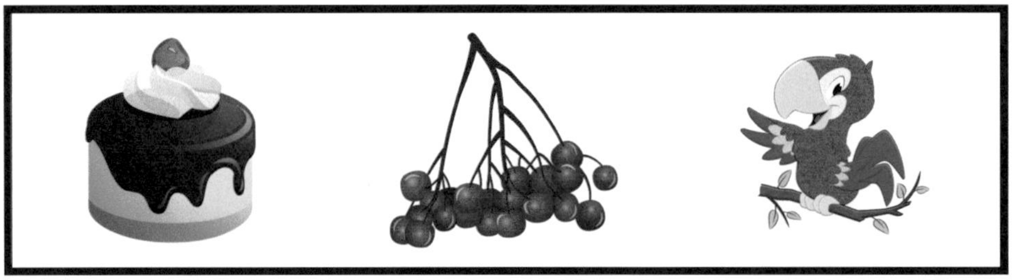

20.

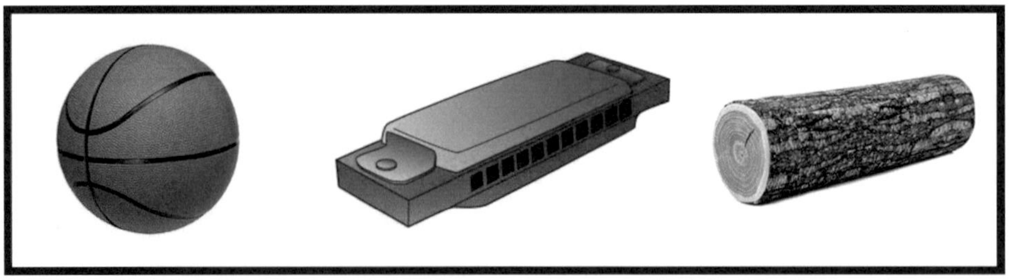

# Answer Keys

1. Birds (Things that can fly) (1-1 , 2-3)
2. Objects that have 4 wheels (Car, skateboard) (1-3 , 2-1)
3. Fruits (Pear, Tomato) (1-2 , 2-1)
4. String Instruments (Guitar, Violin) (1-1 , 2-2)
5. Percussion Instruments (Drum, Tabla) (1-1 , 2-3)
6. Summer clothing (Dress, Shorts) (1-1 , 2-1)
7. Things that can be pushed with wheels (Pull man with wheels, shopping cart) (1-3 , 2-1)
8. 4 legged animals (Elephant, Kangaroo) (1-1 , 2-3)
9. School Supplies (Books, Backpack) (1-2 , 2-1)
10. Snow tools (Shovel, Snow blower) (1-2 , 2-3)
11. Tell Time (Watch, Calendar) (1-1 , 2-3)
12. Sports that are played with hand (Volleyball, Basketball) (1-2 , 2-2)
13. Flying Objects (Helicopter, Flying disk) (1-1 , 2-3)
14. Emergency vehicles (Police Car, Ambulance) (1-2 ,2-3)
15. Things to drink (Water, Juice, Coffee/Tea, ) (1-1 , 2-2, 3-3)
16. Colors (Color pencils, Pain pallet with colors, Markers) (1-2 , 2-1, 3-3)
17. Construction Vehicles (1-3 , 2-2, 3-1)
18. Things that spin (Top, Tricycles, Ceiling fan) (1-2 , 2-2, 3-1)
19. Desserts (Chocolate donut, Cookies, Cake, ) (1-1 , 2-2, 3-1)
20. Instruments that use air modulation (Flute, Mouth Organ, Trumpet) (1-3 , 2-2, 3-1)

1. How many watermelons are there ?

2. How many mangos are there ?

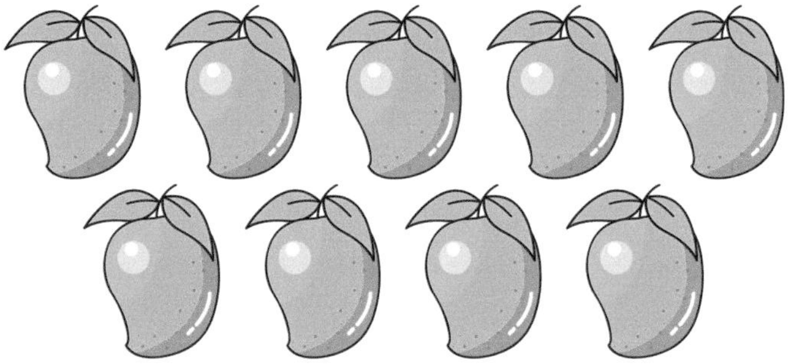

3. How many bunches of pens are there ?

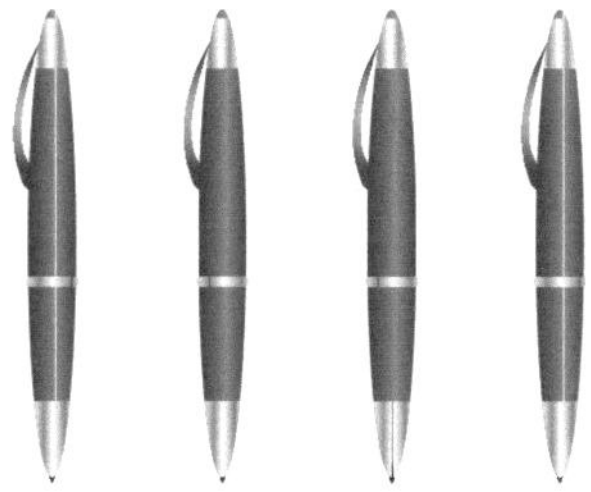

4. How many Books and rulers are there?

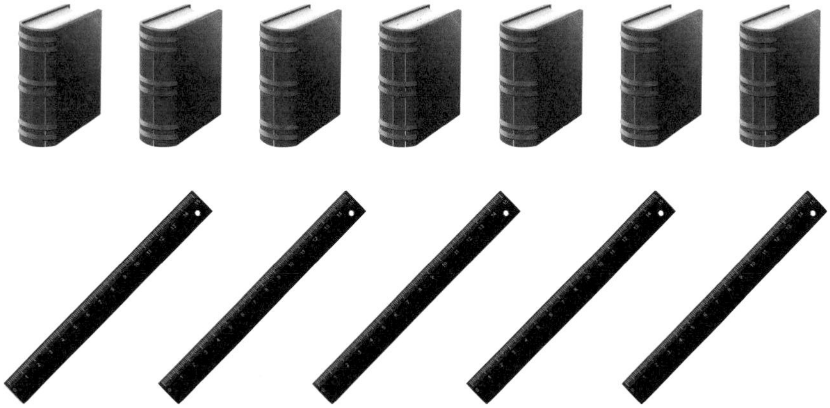

5. How many gloves and scarfs are there ?

6. If each cake is served with a fork. How many cakes are left without a fork ?

7. If each girl takes one hairband , How many hair bands are left?

8. If two parrots go into one cage , How many cages are left without parrots?

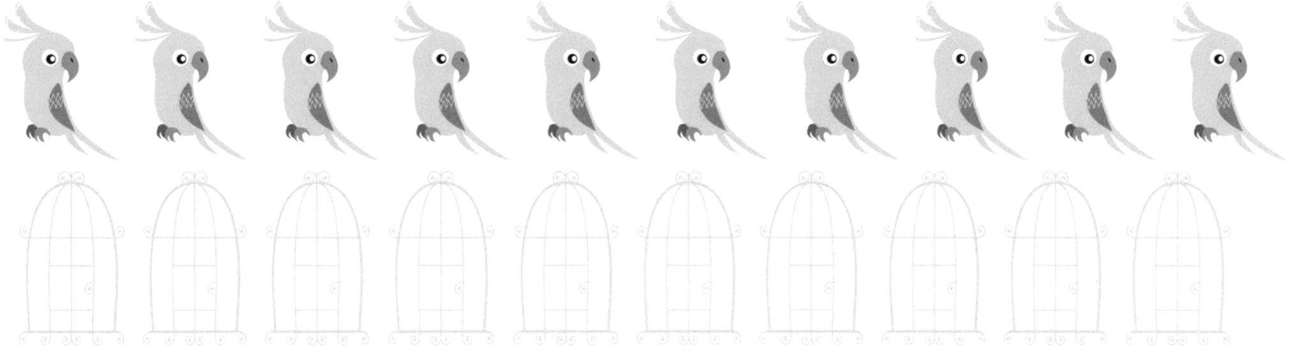

9. If each coat goes with a hat , How many coats are left without a hat?

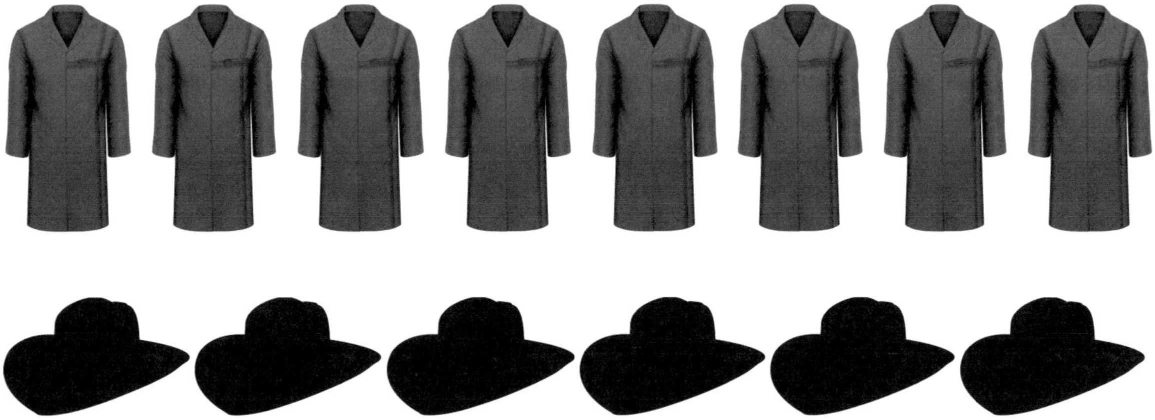

10. If each skateboard goes with a helmet , How many helmets are left without a skateboard?

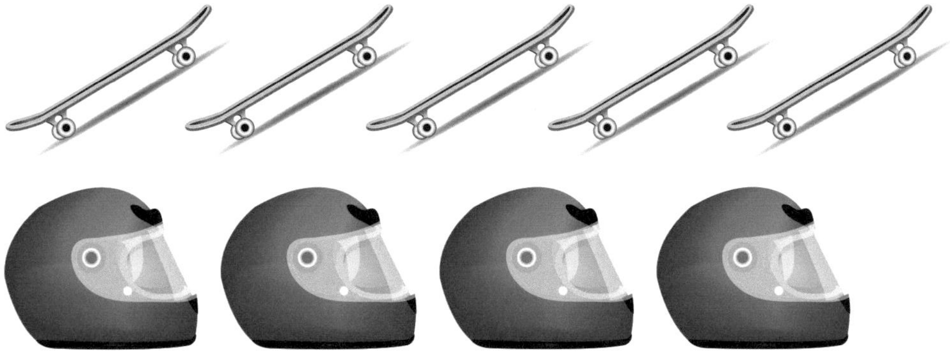

11. Jake has three quarters , three dimes , three nickel , and three pennies. How much money does he have ?

12. Ken has seven Nickels and Seven pennies (and no other money). How much money does Ken have altogether?

13. Sia has 18 stuffed animals. If she decides to give eight stuffed animals to her friend Riya, how many stuffed animals are left with Sia ?

14. Mary had 21 pieces of candy from a goody bag. After coming home she ate six of those pieces of candy. How many pieces of candy does Mary have left to share with her family next day ?

15. Kia has 18 stamps in her stamp collection. She wants to give 5 of her stamps to her friend Riya, how many stamps are left in Kia's collection ?

16. A pizza is divided into eight equal pieces. If you eat five of the pieces, what fraction of the whole pizza is left to eat ?

17. A pizza is divided into eight equal pieces. If you eat three of the Pieces, what fraction of the whole pizza did you **not** eat?

18. A pizza is divided into eight equal pieces. If you eat half of the Pieces, what fraction of the whole pizza did you **not** eat?

19. Sammys Math test has 50 questions . He got 7 of the questions wron and all of the rest right. How many did he get right?

20. Jane science quiz test has 30 questions . She got 5 of the questions wrong and all of the rest right. How many did she get right?

21. There are 26 students in Ms. Liana's class. 18 of these students brought an umbrella today , thinking it might rain. How many students did not bring an umbrella today?

22. Three oranges cost a dollar, how many oranges can we buy for $5?

23. Sita went to the store with 300 cents, but then she spent $1.25 on a markers , 50 cents and scrap book , 5 cents on an eraser and 10 cents on a small notebook.How much money did she have left after buying those two things?

24. At Snoopy school bake sale,four cookies cost a dollar, how many cookies can we buy for $8?

25. Jim has a football game on Saturday. If it is three days before his football game, what day is it today?

26. Max goes to his grandma's house every Saturday. Last week, Max went to a birthday party four days before he went to his grandma's house. On what day of the week did Max go to that birthday party?

27. In 2018, March 22nd happens to be a Thursday. What day of the week will it be on April 12th, 2018? (Hint: try drawing a calendar on scrap paper if you need to.)

28. If there are 28 children playing basket ball, and they want to divide into two equal-sized teams so that no one is left out, how many children should be on each team?

29. Sia bought 21 candies, and wanted to divide them equally among her three children. How many candies does each child get ?

30. Geeta bought 11 toy cars and divides them equally among her three children. How many cars are left after distributing equally ?

31. Mike took a 30 questions test. Every fifth question on the test is wrong. How many questions did Mike got correct?

32. Jack purchased a video game, originally priced at $52.50. He has a coupon for 57% discount. How much did Jack paid to the store for the game ?

33. A witting desk is priced at $249.50 and the discount offered on it is 55%, calculate the selling price.

34. David has a 5% discount coupon for any purchases at store A. All hand bags are priced at $99.99. What is the selling price of one bag ?

35. A dress is priced at $134.99 and the store is offering a 40% discount. What is the selling price of the dress ?

36. Ila purchased a shirt at $50.00 and sells it at a 65% price increase. Find the selling price of the shirt.

37. Dany purchased a hover board at $219.50 and sells it at a 36% price increase. Find the selling price of the hover board.

38. Hazel purchased a book at $6.95 and sells it at a 35% price increase. Find the selling price of the book.

39. Clara purchased an air hockey game at $119.50 and sells it at a 15% price increase. Find the selling price of the air hockey game.

40. George purchased a chocolate bar for $2.20. A 2% is added to his bill. Find the amount George paid ?

41. The original price of a pen is $2.50, calculate the selling price of it with a 3% tax added to it.

42. The original price of a box of pencils is $78.95, calculate the selling price of it with a 2% tax added to it.

43. David purchased a game for $13.50. Find the selling price with a 5% tax added to it ?

44. Cathy spent $64 to buy a big box of snack bars. If each box cost $8, how many boxes did she buy ?

45. A cake recipe needs 3 cups of milk. Susan accidentally added 8 cups of milk. How many more cups did she put in ?

46. Charlie and seven of his friends went for dinner to a restaurant. They split evenly. Each person paid $10. What was the total bill ?

47. Larry ate 15 sugar cookies made by his mom. He ate $\frac{3}{10}$ of the cookies made by his mom. How many cookies are left ?

48. Macy shared 10 of her muffins with her friends. If she shared $\frac{5}{6}$ of what she had. How many muffins are left ?

A farmhouse has a total of 25 animals containing of horses and chickens. Altogether there are 90 legs.

49. How many chickens are there in the farm ?

50. How many horses are there in the farm ?

A farmhouse has a total of 21 animals containing of geese and cows. Altogether there are 70 legs.

51. How many geese are there in the farm ?

52. How many cows are there in the farm ?

Jack spent $132 on shirts. Plain color shirts cost $28 and striped shirts cost $12. If he bought a total of 7.

53. How many of plain color shirts did he buy ?

54. How many of striped shirts did he buy ?

Cathy bought 9 pairs of dresses for a total of $780. Formal dress cost is $90 and casual dress cost is $80.

55. How many of formal dress did she buy ?

56. How many of casual dress did she buy ?

# Arithmetic Answer Keys

| | | | | | |
|---|---|---|---|---|---|
| 1. | 6 | 16. | $\frac{3}{8}$ | 31. | 24 |
| 2. | 9 | 17. | $\frac{5}{8}$ | 32. | $22.575 |
| 3. | 4 | 18. | $\frac{1}{2}$ | 33. | $112.28 |
| 4. | 12 | 19. | 43 | 34. | $94.99 |
| 5. | 11 | 20. | 25 | 35. | $80.99 |
| 6. | 2 | 21. | 8 | 36. | $82.50 |
| 7. | 1 | 22. | 15 | 37. | $298.52 |
| 8. | 0 | 23. | 110 cents | 38. | $9.38 |
| 9. | 2 | 24. | 32 | 39. | $137.43 |
| 10. | 1 | 25. | Wednesday | 40. | $2.24 |
| 11. | 123 cents | 26. | Tuesday | 41. | $2.58 |
| 12. | 42 cents | 27. | Thursday | 42. | $80.53 |
| 13. | 10 | 28. | 14 | 43. | $14.18 |
| 14. | 15 | 29. | 7 | 44. | 8 |
| 15. | 13 | 30. | 2 | 45. | 5 |

46. 80

47. 35

48. 2

49. 5

50. 20

51. 7

52. 14

53. 3

54. 4

55. 6

56. 3

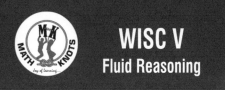

# Forward Digits

(1). 1 - 7
(2). 6 - 3
(3). 3 - 5
(4). 8 - 2
(5). 9 - 0
(6). 6 - 9
(7). 5 - 1
(8). 4 - 3
(9). 7 - 2
(10). 11 - 4
(11). 1 - 3 - 6
(12). 2 - 7 - 4
(13). 4 - 3 - 1
(14). 9 - 2 - 5
(15). 8 - 0 - 5
(16). 3 - 9 - 6
(17). 7 - 9 - 2
(18). 4 - 9 - 8
(19). 5 - 0 - 3
(20). 0 - 9 - 2
(21). 2 - 1 - 0 - 6
(22). 9 - 7 - 4 - 7
(23). 5 - 9 - 7 - 3
(24). 4 - 3 - 5 - 1
(25). 2 - 3 - 8 - 0
(26). 8 - 2 - 9 - 6
(27). 1 - 3 - 6 - 2
(28). 2 - 7 - 8 - 5
(29). 5 - 7 - 3 -9
(30). 4 - 0 - 9 - 2
(31). 2 - 3 - 6 - 8
(32). 1 - 5 - 2 - 6
(33). 5 - 0 - 4 - 7
(34). 9 - 8 - 3 - 4
(35). 6 - 4 - 1 - 5
(36). 1 - 3 - 5 - 7 - 6
(37). 5 - 4 - 3 - 0 - 9
(38). 7 - 4 - 5 - 2 - 6
(39). 5 - 1 - 3 - 4 - 7
(40). 2 - 9 - 5 - 3 - 0
(41). 4 - 2 - 1 - 6 - 1
(42). 1 - 0 - 9 - 3 - 8
(43). 2 - 6 - 5 - 0 - 8
(44). 3 - 8 - 2 - 7 - 5
(45). 9 - 4 - 1 - 0 - 7
(46). 1 - 4 - 2 - 8 - 6 - 9
(47). 5 - 7 - 3 - 9 - 1 - 4
(48). 8 - 2 - 3 - 5 - 9 - 1
(49). 4 - 1 - 8 - 9 - 5 - 6
(50). 7 - 5 - 6 - 3 - 0 - 1
(51). 9 - 2 - 5 - 3 - 7 - 2
(52). 3 - 4 - 3 - 2 - 5 - 1
(53). 1 - 5 - 3 - 9 - 0 - 6
(54). 9 - 8 - 3 - 0 - 4 - 4
(55). 5 - 0 - 4 - 7 - 3 - 8
(56). 6 - 8 - 1 - 2 - 7 - 3 - 4
(57). 5 - 9 - 3 - 4 - 6 - 2 - 1
(58). 8 - 5 - 9 - 1 - 7 - 6 - 2
(59). 2 - 1 - 5 - 7 - 9 - 3 - 7
(60). 7 - 2 - 4 - 3 - 1 - 5 - 0

(61). 5 - 1 - 9 - 6 - 3 - 7 - 5
(62). 1 - 9 - 6 - 2 - 3 - 0 - 1
(63). 8 - 1 - 2 - 7 - 4 - 1 - 4
(64). 3 - 7 - 0 - 6 - 4 - 2 - 9
(65). 1 - 0 - 5 - 9 - 5 - 3 - 3
(66). 8 - 7 - 2 - 4 - 3 - 1 - 5 - 6
(67). 2 - 9 - 5 - 0 - 9 - 1 - 3 - 4
(68). 7 - 2 - 4 - 1 - 5 - 6 - 8 - 3
(69). 4 - 1 - 2 - 6 - 3 - 7 - 0 - 5
(70). 6 - 3 - 1 - 0 - 2 - 9 - 4 - 1
(71). 5 - 0 - 7 - 1 - 0 - 3 - 8 - 7
(72). 8 - 7 - 2 - 4 - 3 - 1 - 5 - 6
(73). 1 - 4 - 7 - 3 - 0 - 2 - 5 - 9
(74). 6 - 5 - 9 - 0 - 1 - 3 - 2 - 4
(75). 8 - 5 - 2 - 9 - 0 - 4 - 3 - 1
(76). 2 - 3 - 6 - 8 - 5 - 0 - 7 - 1 - 9
(77). 6 - 3 - 2 - 9 - 5 - 1 - 5 -9 - 3
(78). 3 - 4 - 1 - 2 - 5 - 9 - 2 -7 - 6
(79). 5 - 6 - 3 - 8 - 1 - 0 - 7 -9 - 5
(80). 7 - 5 - 3 - 6 - 0 - 2 - 4 -9 - 2
(81). 8 - 1 - 3 - 6 - 5 - 4 - 3 - 2 - 1
(82). 9 - 4 - 1 - 2 - 3 - 7 - 0 - 1 - 9
(83). 4 - 5 - 7 - 3 - 2 - 0 - 6 - 8 - 5
(84). 5 - 4 - 9 - 8 - 0 - 7 - 1 - 3 - 7
(85). 1 - 0 - 5 - 4 - 9 - 3 - 2 - 5 - 4

# Backward (Reverse) Digits

| QUESTION | ANSWER |
|---|---|
| (1). 1 - 7 | (1). 7 - 1 |
| (2). 6 - 3 | (2). 3 - 6 |
| (3). 3 - 5 | (3). 5 - 3 |
| (4). 8 - 2 | (4). 2 - 8 |
| (5). 9 - 0 | (5). 0 - 9 |
| (6). 6 - 9 | (6). 9 - 6 |
| (7). 5 - 1 | (7). 1 - 5 |
| (8). 4 - 3 | (8). 3 - 4 |
| (9). 7 - 2 | (9). 2 - 7 |
| (10). 11 - 4 | (10). 4 - 11 |
| (11). 1 - 3 - 6 | (11). 6 - 3 - 1 |
| (12). 2 - 7 - 4 | (12). 4 - 7 - 2 |
| (13). 4 - 3 - 1 | (13). 1 - 3 - 4 |
| (14). 9 - 2 - 5 | (14). 5 - 2 - 9 |
| (15). 8 - 0 - 5 | (15). 5 - 0 - 8 |
| (16). 3 - 9 - 6 | (16). 6 - 9 - 3 |
| (17). 7 - 9 - 2 | (17). 2 - 9 - 7 |
| (18). 4 - 9 - 8 | (18). 8 - 9 - 4 |
| (19). 5 - 0 - 3 | (19). 3 - 0 - 5 |
| (20). 0 - 9 - 2 | (20). 2 - 9 - 0 |
| (21). 2 - 1 - 0 - 6 | (21). 6 - 0 - 1 - 2 |
| (22). 9 - 7 - 4 - 7 | (22). 7 - 4 - 7 - 9 |
| (23). 5 - 9 - 7 - 3 | (23). 3 - 7 - 9 - 5 |

| QUESTION | ANSWER |
|---|---|
| (24). 4 - 3 - 5 - 1 | (24). 1 - 5 - 3 - 4 |
| (25). 2 - 3 - 8 - 0 | (25). 0 - 8 - 3 - 2 |
| (26). 8 - 2 - 9 - 6 | (26). 6 - 9 - 2 - 8 |
| (27). 1 - 3 - 6 - 2 | (27). 2 - 6 - 3 - 1 |
| (28). 2 - 7 - 8 - 5 | (28). 5 - 8 - 7 - 2 |
| (29). 5 - 7 - 3 - 9 | (29). 9 - 3 - 7 - 5 |
| (30). 4 - 0 - 9 - 2 | (30). 2 - 9 - 0 - 4 |
| (31). 2 - 3 - 6 - 8 | (31). 8 - 6 - 3 - 2 |
| (32). 1 - 5 - 2 - 6 | (32). 6 - 2 - 5 - 1 |
| (33). 5 - 0 - 4 - 7 | (33). 7 - 4 - 0 - 5 |
| (34). 9 - 8 - 3 - 4 | (34). 4 - 3 - 8 - 9 |
| (35). 6 - 4 - 1 - 5 | (35). 5 - 1 - 4 - 6 |
| (36). 1 - 3 - 5 - 7 - 6 | (36). 6 - 7 - 5 - 3 - 1 |
| (37). 5 - 4 - 3 - 0 - 9 | (37). 9 - 0 - 3 - 4 - 5 |
| (38). 7 - 4 - 5 - 2 - 6 | (38). 6 - 2 - 5 - 4 - 7 |
| (39). 5 - 1 - 3 - 4 - 7 | (39). 7 - 4 - 3 - 1 - 5 |
| (40). 2 - 9 - 5 - 3 - 0 | (40). 0 - 3 - 5 - 9 - 2 |
| (41). 4 - 2 - 1 - 6 - 8 | (41). 8 - 6 - 1 - 2 - 4 |
| (42). 1 - 0 - 9 - 3 - 8 | (42). 8 - 3 - 9 - 0 - 1 |
| (43). 2 - 6 - 5 - 0 - 8 | (43). 8 - 0 - 5 - 6 - 2 |
| (44). 3 - 8 - 2 - 7 - 5 | (44). 5 - 7 - 2 - 8 - 3 |
| (45). 9 - 4 - 1 - 0 - 7 | (45). 7 - 0 - 1 - 4 - 9 |
| (46). 1 - 4 - 2 - 8 - 6 - 9 | (46). 9 - 6 - 8 - 2 - 4 - 1 |
| (47). 5 - 7 - 3 - 9 - 1 - 4 | (47). 4 - 1 - 9 - 3 - 7 - 5 |

| QUESTION | ANSWER |
|---|---|
| (48). 8 - 2 - 3 - 5 - 9 - 1 | (48). 1 - 9 - 5 - 3 - 2 - 8 |
| (49). 4 - 1 - 8 - 9 - 5 - 6 | (49). 6 - 5 - 9 - 8 - 1 - 4 |
| (50). 7 - 5 - 6 - 3 - 0 - 1 | (50). 1 - 0 - 3 - 6 - 5 - 7 |
| (51). 9 - 2 - 5 - 3 - 7 - 2 | (51). 2 - 7 - 3 - 5 - 2 - 9 |
| (52). 3 - 4 - 3 - 2 - 5 - 1 | (52). 1 - 5 - 2 - 3 - 4 - 3 |
| (53). 1 - 5 - 3 - 9 - 0 - 6 | (53). 6 - 0 - 9 - 3 - 5 - 1 |
| (54). 9 - 8 - 3 - 0 - 4 - 4 | (54). 4 - 4 - 0 - 3 - 8 - 9 |
| (55). 5 - 0 - 4 - 7 - 3 - 8 | (55). 8 - 3 - 7 - 4 - 0 - 5 |
| (56). 6 - 8 - 1 - 2 - 7 - 3 - 4 | (56). 4 - 3 - 7 - 2 - 1 - 8 - 9 |
| (57). 5 - 9 - 3 - 4 - 6 - 2 - 1 | (57). 1 - 2 - 6 - 4 - 3 - 9 - 5 |
| (58). 8 - 5 - 9 - 1 - 7 - 6 - 2 | (58). 2 - 6 - 7 - 1 - 9 - 5 - 8 |
| (59). 2 - 1 - 5 - 7 - 9 - 3 - 7 | (59). 7 - 3 - 9 - 7 - 5 - 1 - 2 |
| (60). 7 - 2 - 4 - 3 - 1 - 5 - 0 | (60). 0 - 5 - 1 - 3 - 4 - 2 - 7 |
| (61). 5 - 1 - 9 - 6 - 3 - 7 - 5 | (61). 5 - 7 - 3 - 6 - 9 - 1 - 5 |
| (62). 1 - 9 - 6 - 2 - 3 - 0 - 1 | (62). 1 - 0 - 3 - 2 - 6 - 9 - 1 |
| (63). 8 - 1 - 2 - 7 - 4 - 1 - 4 | (63). 4 - 1 - 4 - 7 - 2 - 1 - 8 |
| (64). 3 - 7 - 0 - 6 - 4 - 2 - 9 | (64). 9 - 2 - 4 - 6 - 0 - 7 - 3 |
| (65). 1 - 0 - 5 - 9 - 5 - 3 - 3 | (65). 3 - 3 - 5 - 9 - 5 - 0 - 1 |
| (66). 8 - 7 - 2 - 4 - 3 - 1 - 5 - 6 | (66). 6 - 5 - 1 - 3 - 4 - 2 - 7 - 8 |
| (67). 2 - 9 - 5 - 0 - 9 - 1 - 3 - 4 | (67). 4 - 3 - 1 - 9 - 0 - 5 - 9 - 2 |
| (68). 7 - 2 - 4 - 1 - 5 - 6 - 8 - 3 | (68). 3 - 8 - 6 - 5 - 1 - 4 - 2 - 7 |
| (69). 4 - 1 - 2 - 6 - 3 - 7 - 0 - 5 | (69). 5 - 0 - 7 - 3 - 6 - 2 - 1 - 4 |
| (70). 6 - 3 - 1 - 0 - 2 - 9 - 4 - 1 | (70). 1 - 4 - 9 - 2 - 0 - 1 - 3 - 6 |

| QUESTION | ANSWER |
|---|---|
| (71). 5 - 0 - 7 - 1 - 0 - 3 - 8 - 7 | (71). 7 - 8 - 3 - 0 - 1 - 7 - 0 - 5 |
| (72). 8 - 7 - 2 - 4 - 3 - 1 - 5 - 6 | (72). 6 - 5 - 1 - 3 - 4 - 2 - 7 - 8 |
| (73). 1 - 4 - 7 - 3 - 0 - 2 - 5 - 9 | (73). 9 - 5 - 2 - 0 - 3 - 7 - 4 - 1 |
| (74). 6 - 5 - 9 - 0 - 1 - 3 - 2 - 4 | (74). 4 - 2 - 3 - 1 - 0 - 9 - 5 - 6 |
| (75). 8 - 5 - 2 - 9 - 0 - 4 - 3 - 1 | (75). 1 - 3 - 4 - 0 - 9 - 2 - 5 - 8 |
| (76). 2 - 3 - 6 - 8 - 5 - 0 - 7 - 1 - 9 | (76). 9 - 1 - 7 - 0 - 5 - 8 - 6 - 3 - 2 |
| (77). 6 - 3 - 2 - 9 - 5 - 1 - 5 - 9 - 3 | (77). 3 - 9 - 5 - 1 - 5 - 9 - 2 - 3 - 6 |
| (78). 3 - 4 - 1 - 2 - 5 - 9 - 2 -7 - 6 | (78). 6 - 7 - 2 - 9 - 5 - 2 - 1 - 4 - 3 |
| (79). 5 - 6 - 3 - 8 - 1 - 0 - 7 - 9 - 5 | (79). 5 - 9 - 7 - 0 - 1 - 8 - 3 - 6 - 5 |
| (80). 7 - 5 - 3 - 6 - 0 - 2 - 4 - 9 - 2 | (80). 2 - 9 - 4 - 2 - 0 - 6 - 3 - 5 - 7 |
| (81). 8 - 1 - 3 - 6 - 5 - 4 - 3 - 2 - 1 | (81). 1 - 2 - 3 - 4 - 5 - 6 - 3 - 1 - 8 |
| (82). 9 - 4 - 1 - 2 - 3 - 7 - 0 - 1 - 9 | (82). 9 - 1 - 0 - 7 - 3 - 2 - 1 - 4 - 9 |
| (83). 4 - 5 - 7 - 3 - 2 - 0 - 6 - 8 - 5 | (83). 5 - 8 - 6 - 0 - 2 - 3 - 7 - 5 - 4 |
| (84). 5 - 4 - 9 - 8 - 0 - 7 - 1 - 3 - 7 | (84). 7 - 3 - 1 - 7 - 0 - 8 - 9 - 4 - 5 |
| (85). 1 - 0 - 5 - 4 - 9 - 3 - 2 - 5 - 4 | (85). 4 - 5 - 2 - 3 - 9 - 4 - 5 - 0 - 1 |

1)

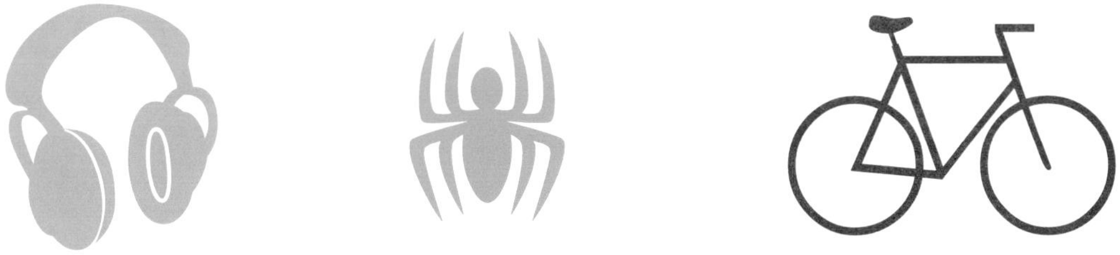

2)

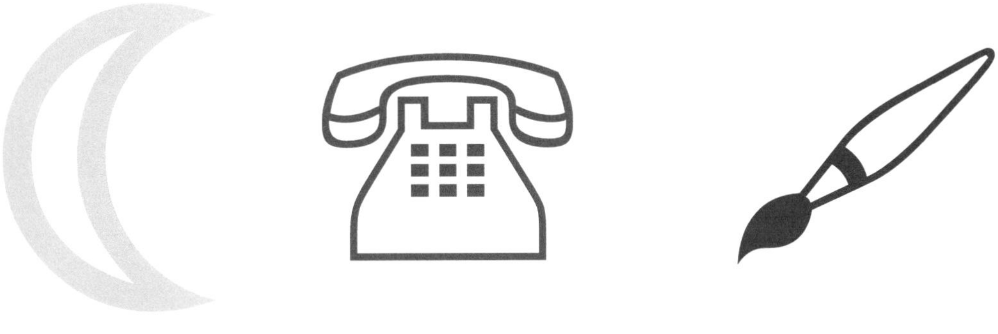

1)

(A)

(B)

(C)

(D)

(E)

2)



(A)

(B)

(C)

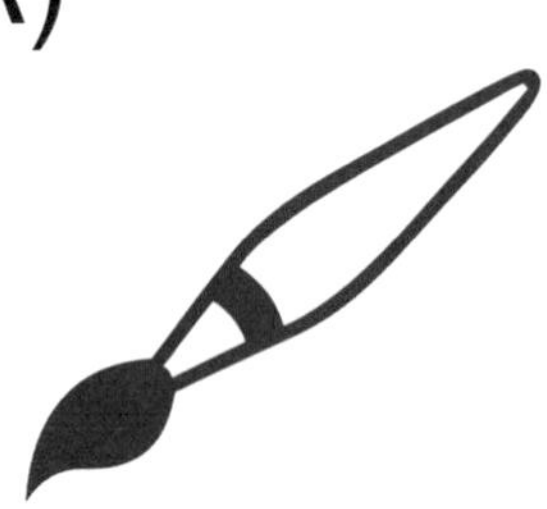

(D)

(E)

3)

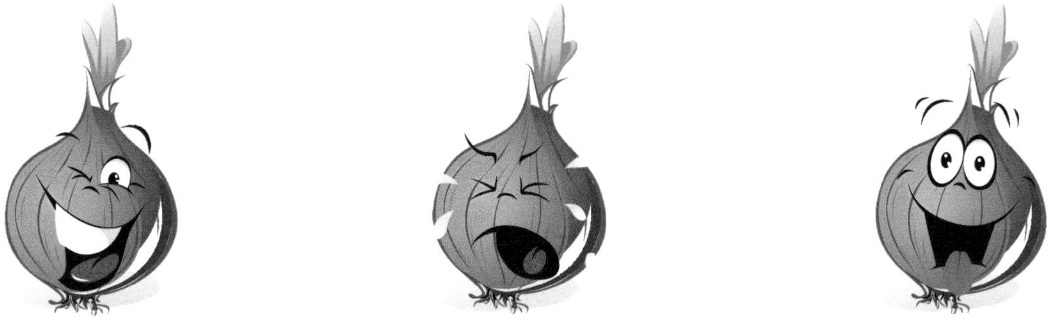

4)

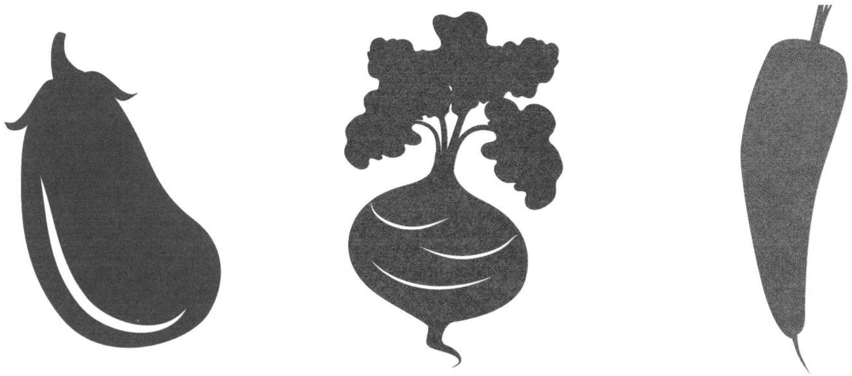

3)

(A)

(B)

(C)

(D)

(E)

4)

(A)

(B)

(C)

(D)

(E)

5)

6)

5)

(A)

(B)

(C)

(D)

(E)

6)

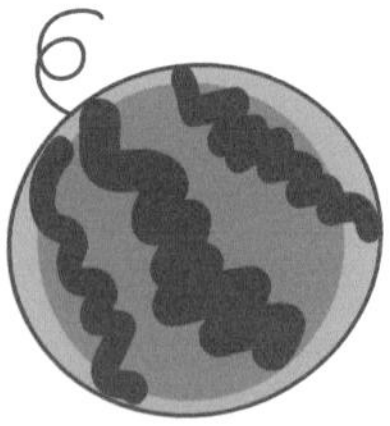

(A)

(B)

(C)

(D)

(E)

7)

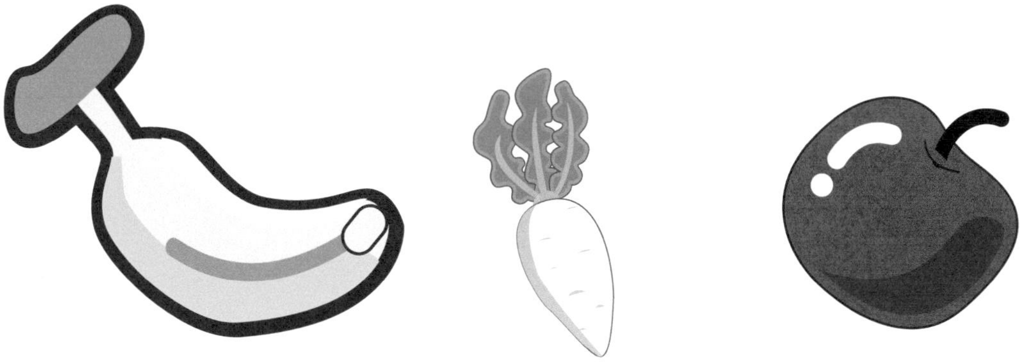

8)

7)

(A)

(B)

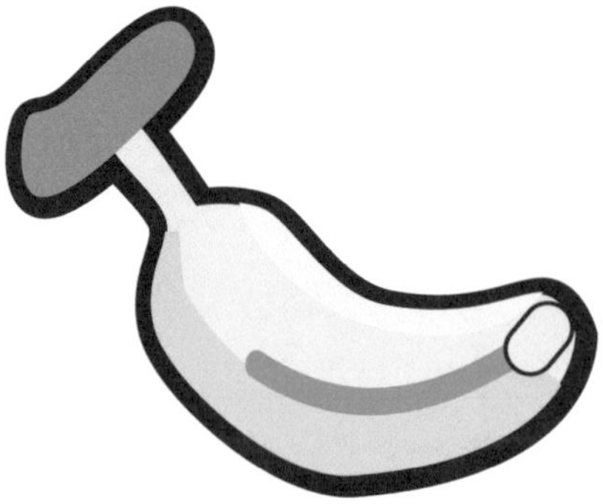
(C)

(D)

(E)

8)

(A)

(B)

(C)

(D)

(E)

9)

10)

9)

(A)

(B)

(C)

(D)

(E)

10)

(A)

(B)

(C)

(D)

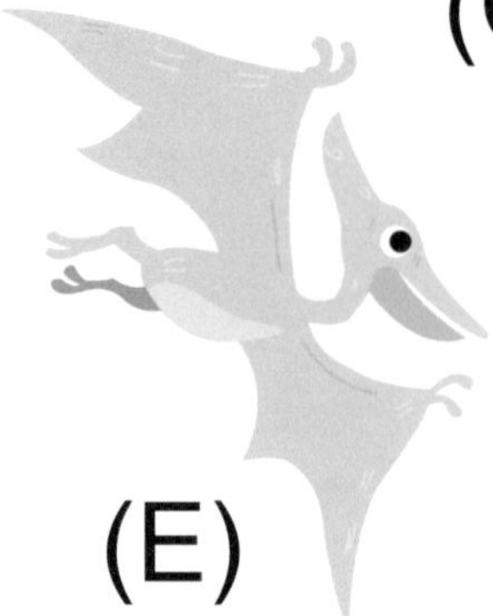

(E)

11)

12)

11)

(A)

(B)

(C)

(D)

(E)

12)

(A)

(B)

(C)

(D)

(E)

13)

14)

13)

(A)

(B)

(C)

(D)

(E)

14)

(A)

(B)

(C)

(D)

(E)

15)

16)

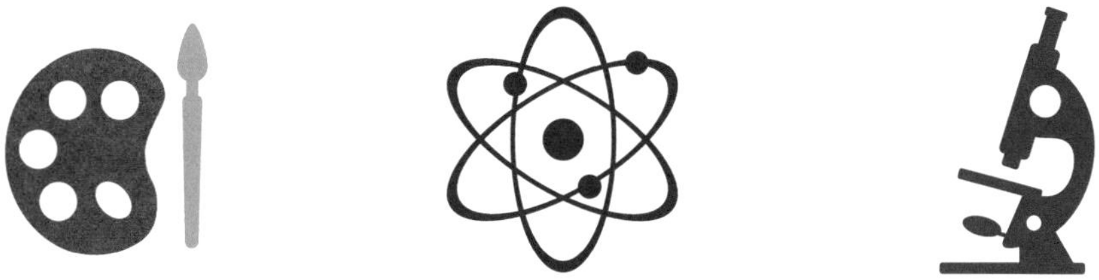

15)

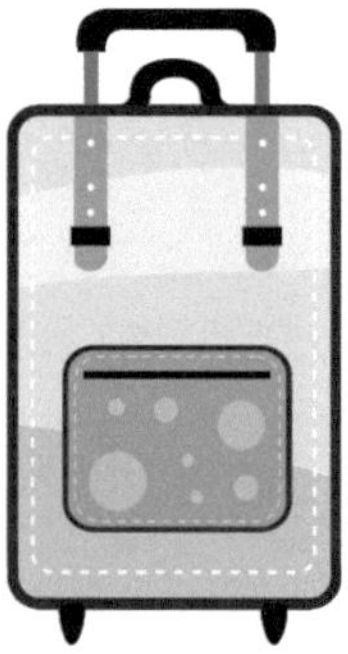
(A)

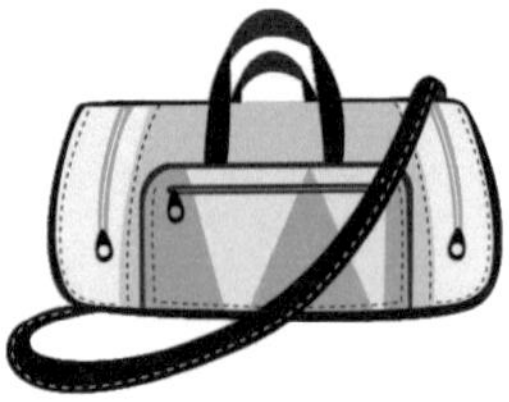
(B)

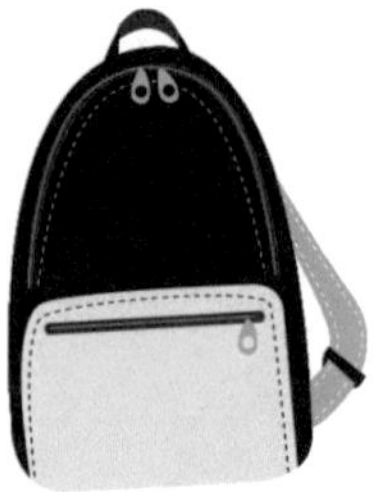
(C)

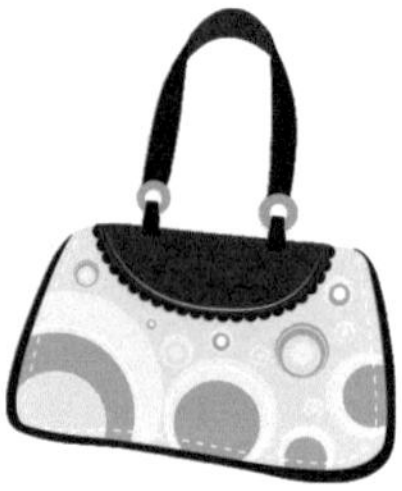
(D)

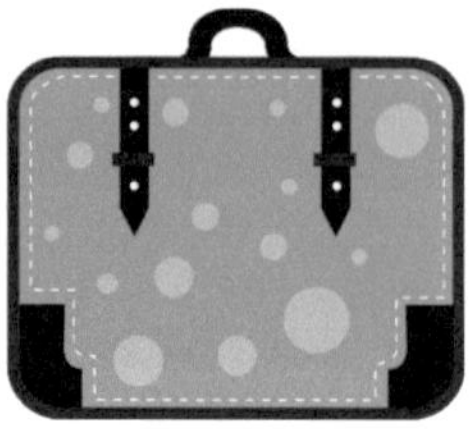
(E)

16)

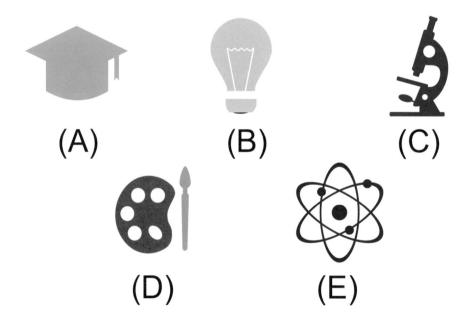
(A)

(B)

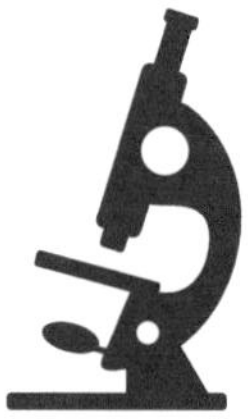
(C)

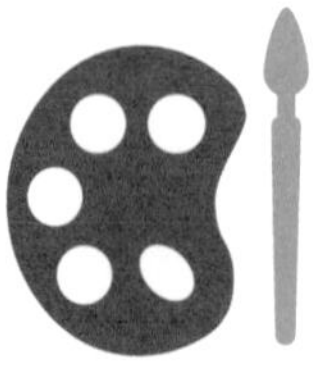
(D)

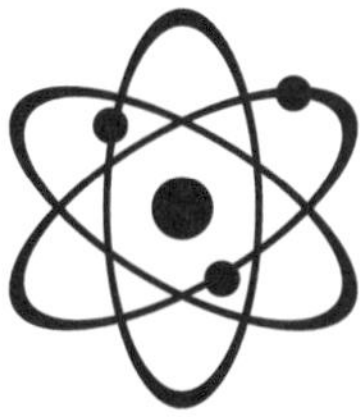
(E)

17)

18)

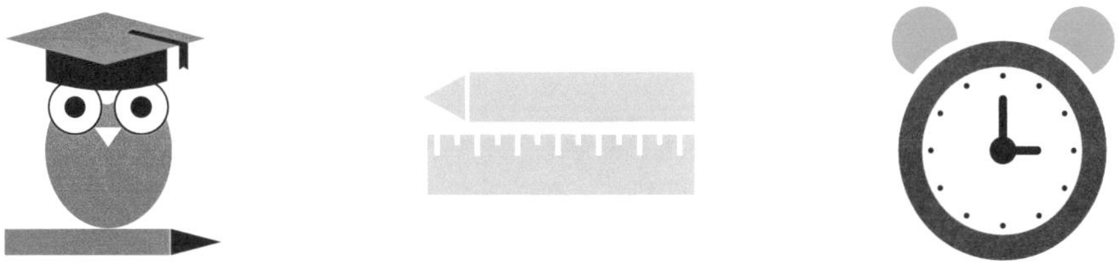

17)

(A)

(B)

(C)

(D)

123456789
ON/C

(E)

18)

(A)

(B)

(C)

(D)

(E)

19)

A ? X

20)

+ ! 7

19)

Z (A) A (B) S (C)

X (D) ? (E)

20)

Q (A) 7 (B) ! (C)

+ (D) − (E)

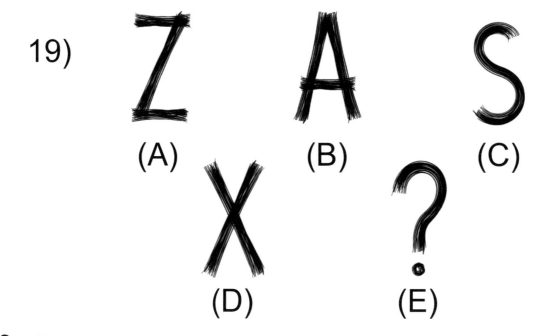

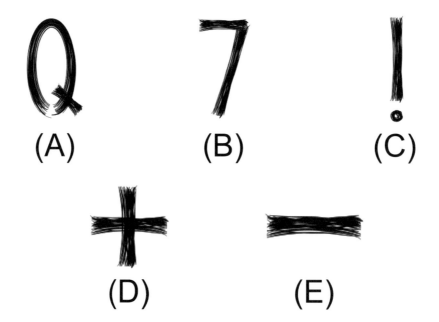

21)

22)

21)

(A) (B) (C)

(D) (E)

22)

(A) (B) (C)

(D) (E)

23)

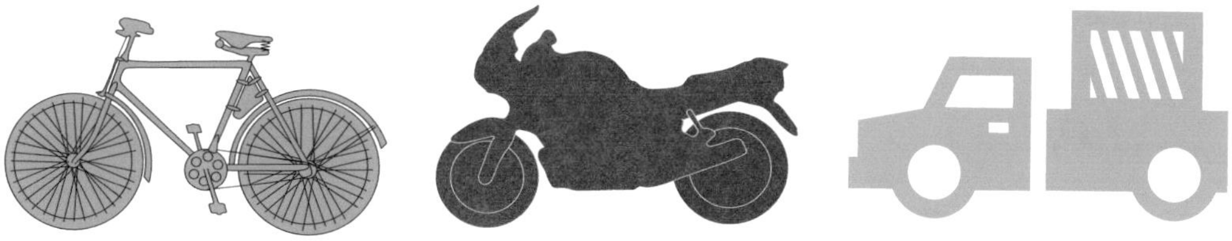

24)

23)

(A)

(B)

(C)

(D)

(E)

24)

(A)

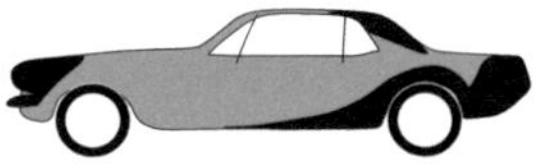

(B)

(C)

(D)

(E)

25)

26)

25)

(A)

(B)

(C)

(D)

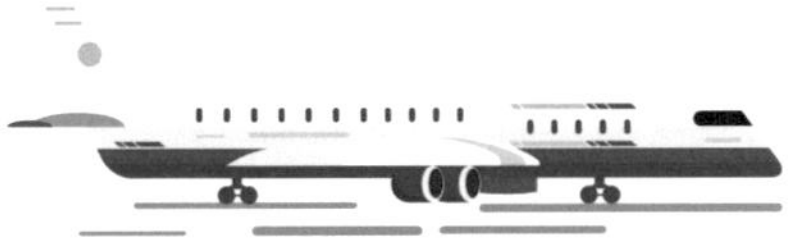
(E)

26)

(A)

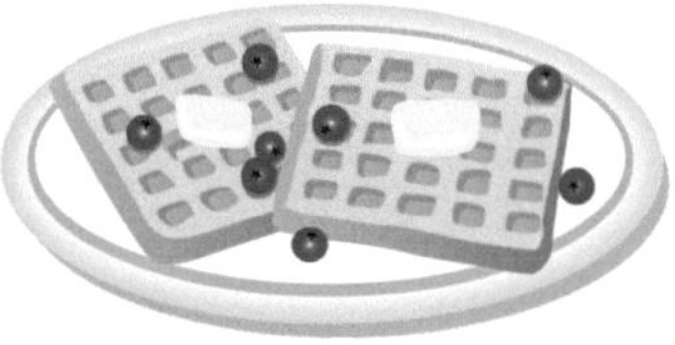
(B)

(C)

(D)

(E)

27)

28)

27)

(A)

(B)

(C)

(D)

(E)

28)

(A)

(B)

(C)

(D)

(E)

29)

30)

29)

(A)

(B)

(C)

(D)

(E)

30)

(A)

(B)

(C)

(D)

(E)

# Answer Keys

1. C,D,E
2. A,E,D
3. D,E,B
4. A,E,C
5. D,B,E
6. D,C,B
7. C,A,B
8. E,B,D
9. B,A,E
10. B,C,E
11. B,A,C
12. D,E,C
13. A,C,B
14. C,D,A
15. C,B,A
16. D,E,C
17. D,B,C
18. D,B,E
19. B,E,D
20. D,C,B
21. D,E,C
22. A,D,E
23. B,A,E
24. C,D,A
25. A,D,C
26. A,D,E
27. E,D,C
28. E,C,B
29. A,B,D
30. C,E,A

| QUESTION | ANSWER |
|---|---|
| (1). 7 - T | (1). 7 - T |
| (2). G - 5 | (2). 5 - G |
| (3). 9 - A | (3). 9 - A |
| (4). 6 - Y | (4). 6 - Y |
| (5). M - 5 | (5). 5 - M |
| (6). 3 - X | (6). 3 - X |
| (7). 8 - C | (7). 8 - C |
| (8). 5 - K | (8). 5 - K |
| (9). N - 9 | (9). 9 - N |
| (10). P - 7 | (10). 7 - P |
| (11). T - 0 - 3 | (11). 0 - 3 - T |
| (12). 9 - 3 - D | (12). 3 - 9 - D |
| (13). B - 4 - 2 | (13). 2 - 4 - B |
| (14). L - 8 - C | (14). 8 - C - L |
| (15). K - 0 - 1 | (15). 0 - 1 - K |
| (16). H - 4 - A | (16). 4 - A - H |
| (17). 9 - R - 8 | (17). 8 - 9 - R |
| (18). 7 - L - J | (18). 7 - J - L |
| (19). D - 2 - E | (19). 2 - D - E |
| (20). 6 - 4 - H | (20). 4 - 6 - H |
| (21). 5 - F - 6 - J | (21). 5 - 6 - F - J |
| (22). 7 - 9 - C - A | (22). 7 - 9 - A - C |
| (23). 2 - R - 5 - Z | (23). 2 - 5 - R - Z |

| QUESTION | ANSWER |
|---|---|
| (24). 8 - B - 6 - V | (24). 6 - 8 - B - V |
| (25). D - 5 - C - 2 | (25). 2 - 5 - C - D |
| (26). E - 4 - C - 7 | (26). 4 - 7 - C - E |
| (27). 5 - W - 3 - X | (27). 3 - 5 - W - X |
| (28). B - 4 - L - 1 | (28). 1 - 4 - B - L |
| (29). W - 3 - M - 1 | (29). 1 - 3 - M - W |
| (30). 2 - G - 0 - F | (30). 0 - 2 - F - G |
| (31). 1 - F - 0 - K - 2 | (31). 0 - 1 - 2 - F - K |
| (32). C - A - 7 - 9 - P | (32). 7 - 9 - A - C - P |
| (33). R - 5 - 2 - K - Z | (33). 2 - 5 - K - R - Z |
| (34). B - 6 - 8 - W - V | (34). 6 - 8 - B - V - W |
| (35). C - 5 - 2 - 0 - D | (35). 0 - 2 - 5 - C- D |
| (36). 9 - D - 8 - C - 7 | (36). 7 - 8 - 9 - C - D |
| (37). K - 5 - W - 9 - B | (37). 5 - 9 - B - K - W |
| (38). D - B - 7 - L - K | (38). 7 - B - D - K - L |
| (39). Y - 4 - W - 1 - M | (39). 1 - 4 - M - W - Y |
| (40). K - 8 - G - 7 - P | (40). 7 - 8 - G - K - P |
| (41). D - 2 - E - 5 - 1 - K | (41). 1 - 2 - 5 - D - E - K |
| (42). H - D - 0 - 1 - 5 - A | (42). 0 - 1 - 5 - A - D - H |
| (43). T - 0 - 3 - P - 7 - 1 | (43). 0 - 1 - 3 - 7 - P - T |
| (44). B - 4 - 2 - M - 5 - D | (44). 2 - 4 - 5 - B - D - M |
| (45). 9 - 3 - D - G - 5 - A | (45). 3 - 5 - 9 - A - D - G |
| (46). A - 7 - C - 2 - 3 - M | (46). 2 - 3 - 7 - A - C - M |
| (47). W - 3 - X - F - 6 - J | (47). 3 - 6 - F - J - W - X |

| QUESTION | ANSWER |
|---|---|
| (48). 4 - D - 7 - 9 - C - B | (48). 4 - 7 - 9 - B - C - D |
| (49). 2 - R - Z - L - 1- 5 | (49). 1 - 2 - 5 - L - R - Z |
| (50). 5 - C - 2 - 8 - V - 0 | (50). 0 - 2 - 5 - 8 - C - V |
| (51). D - 5 - B - 6 - K - F - 3 | (51). 3 - 5 - 6 - B - D - F - K |
| (52). 3 - M - 5 - W - E - 9 - D | (52). 3 - 5 - 9 - D - E - M - W |
| (53). B - 0 - E - 7 - 5 - P - T | (53). 0 - 5 - 7 - B - E - P - T |
| (54). K - 7 - L - 1 - C - 6 - A | (54). 1 - 6 - 7 - A - C - K - L |
| (55). 8 - B - 4 - D - K - 6 - L | (55). 4 - 6 - 8 - B - D - K - L |
| (56). 2 - 1 - G - 8 - H - E - A | (56). 1 - 2 - 8 - A - E - G - H |
| (57). X - 5 - Y - 3 - C - 2 - A | (57). 2 - 3 - 5 - A - C - X - Y |
| (58). T - Z - 9 - B - P - K - 7 | (58). 7 - 9 - B - K - P - T - Z |
| (59). 7 - L - 6 - K - 1 - D - 4 | (59). 1 - 4 - 6 - 7 - D - K - L |
| (60). C - 4 - E - 0 - A - 8 - F | (60). 0 - 4 - 8 - A - C - E - F |

# Practice 1

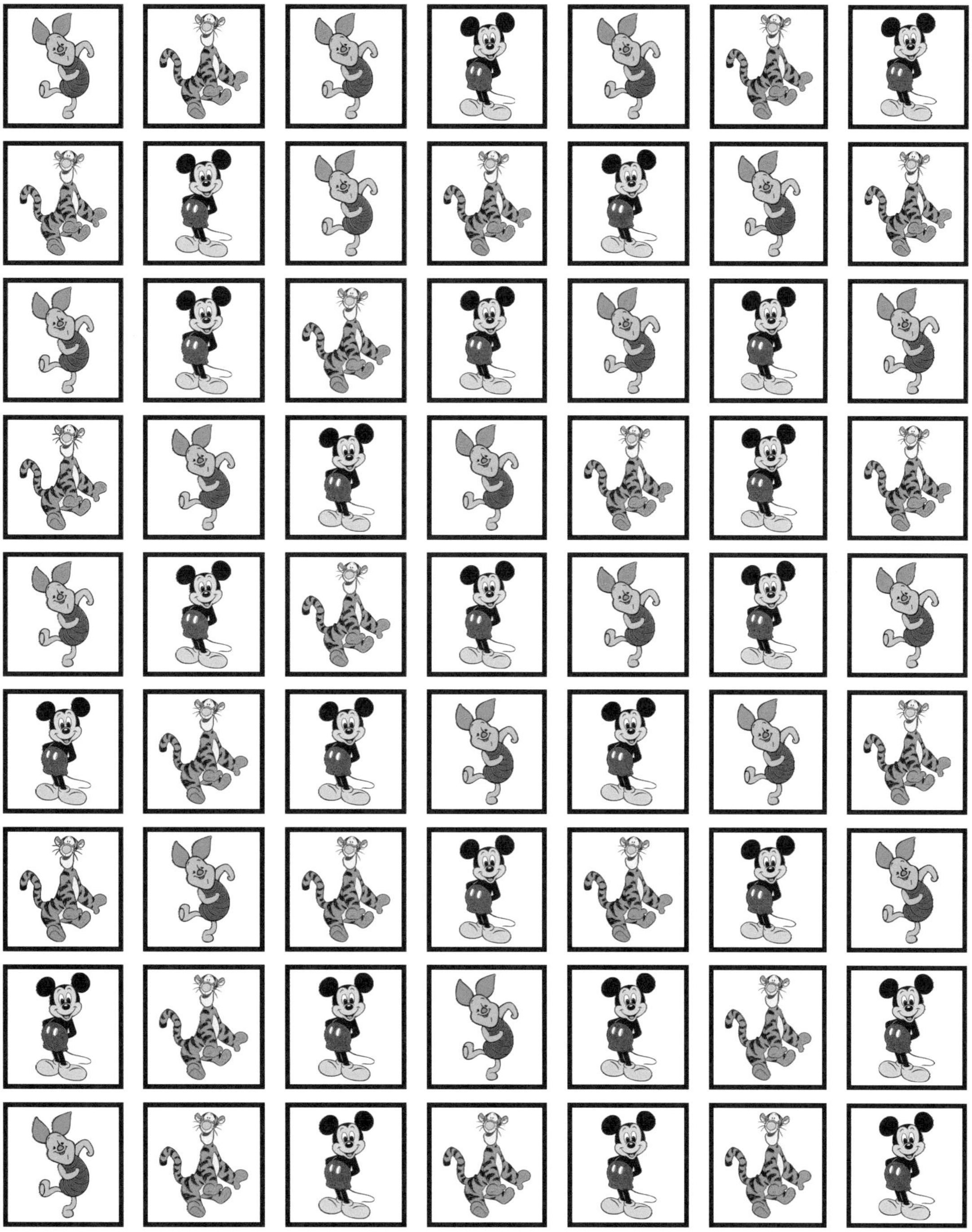

# Practice 2

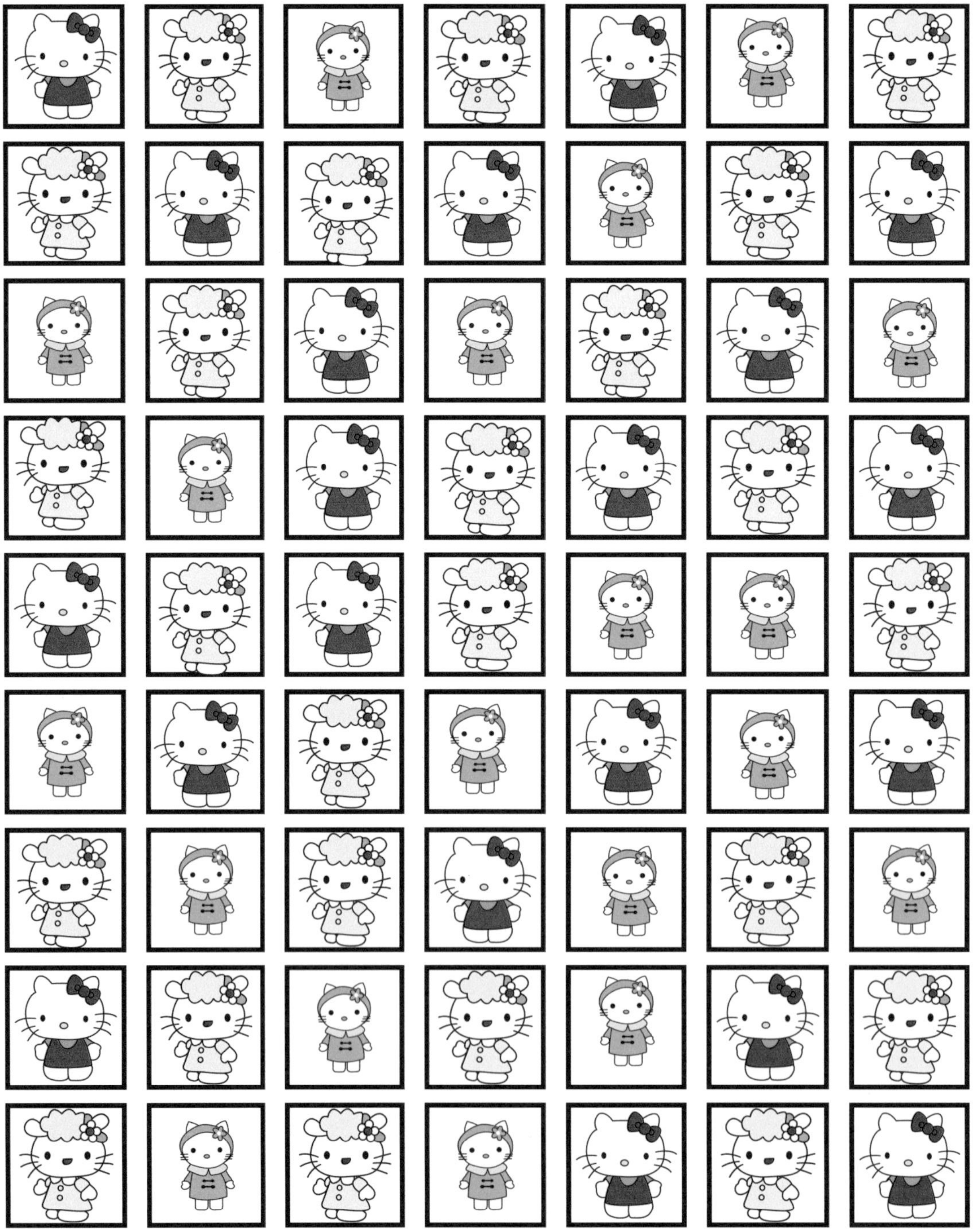

# Practice 3

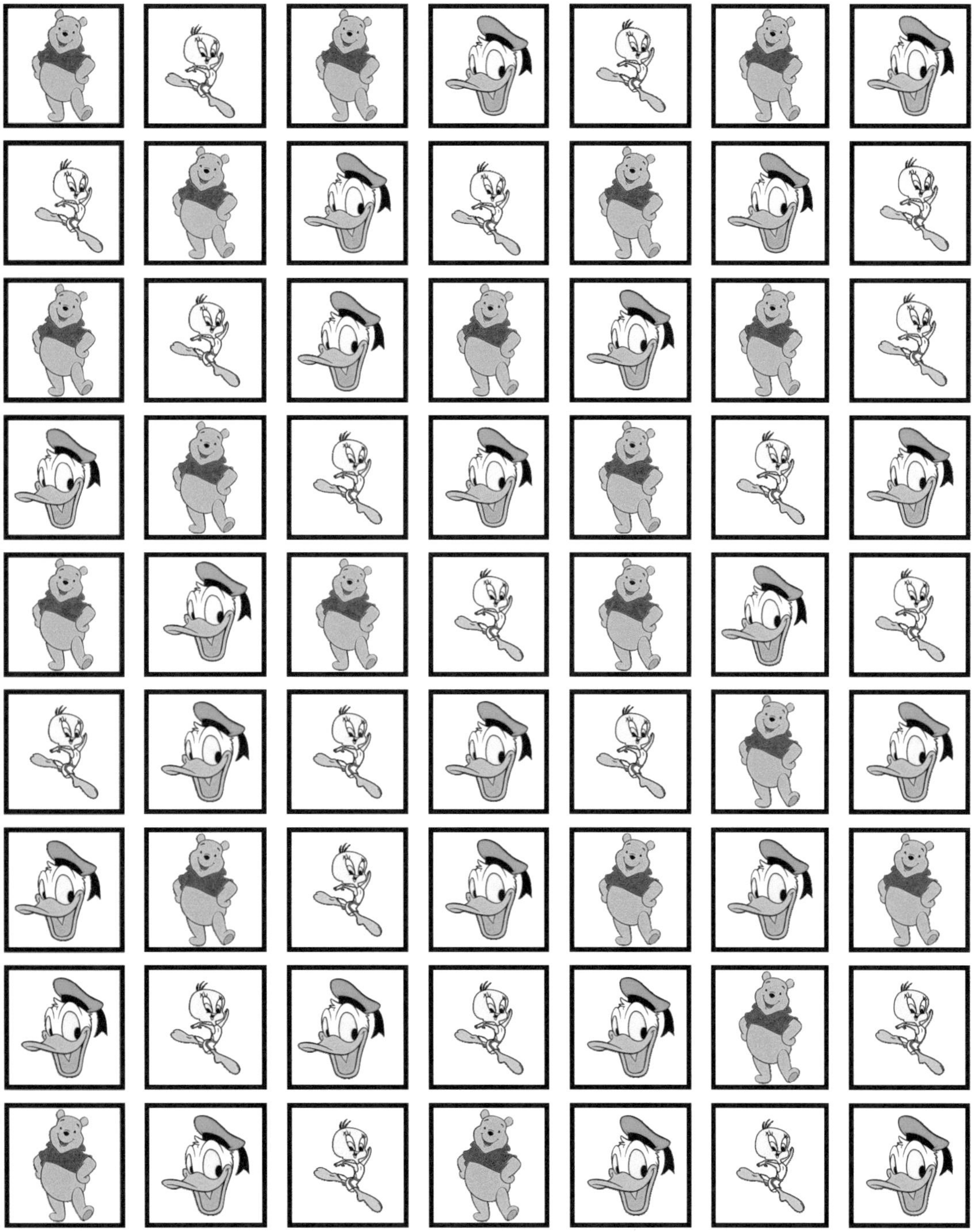

# Practice 4

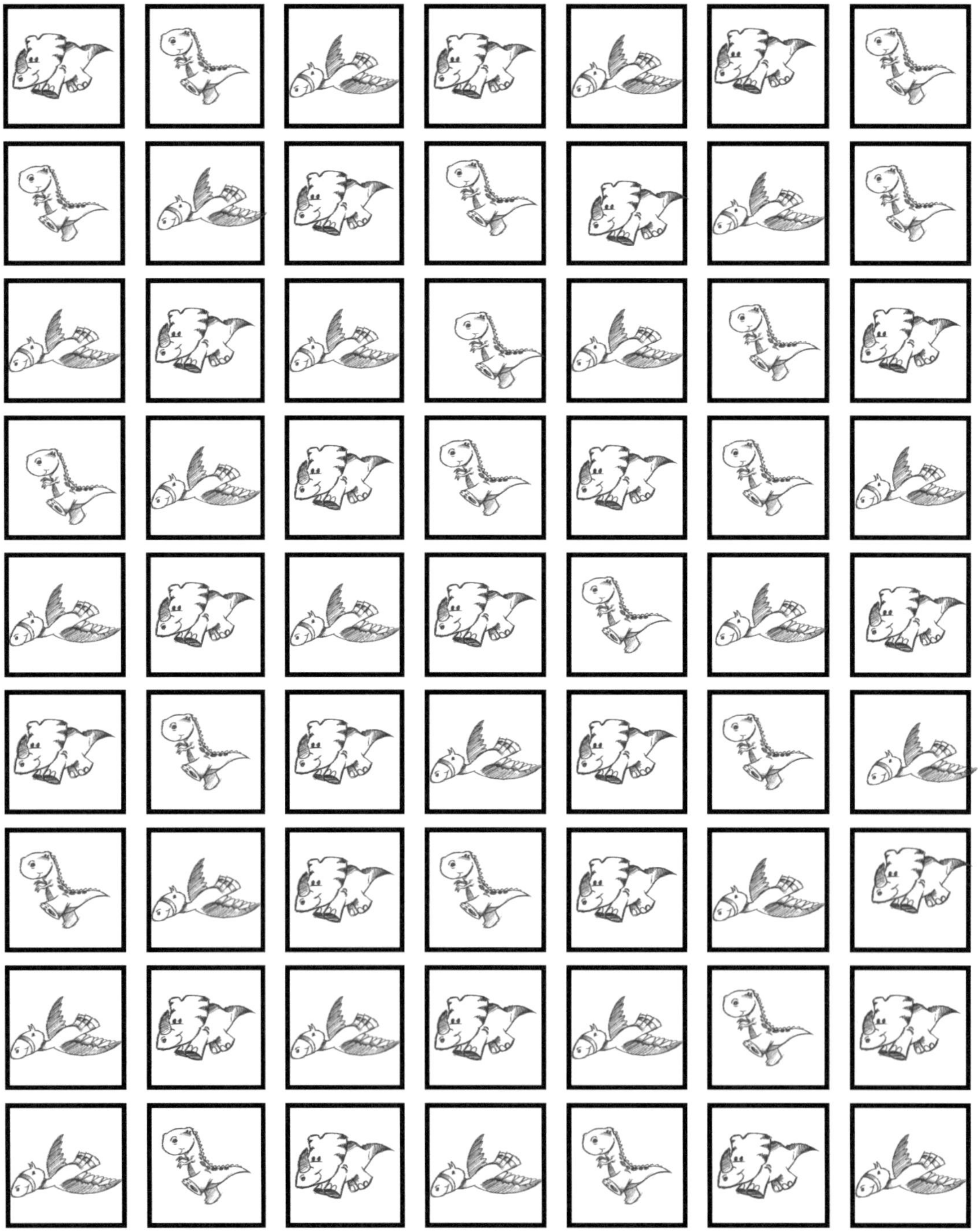

# Answer Keys :
# Practice 1

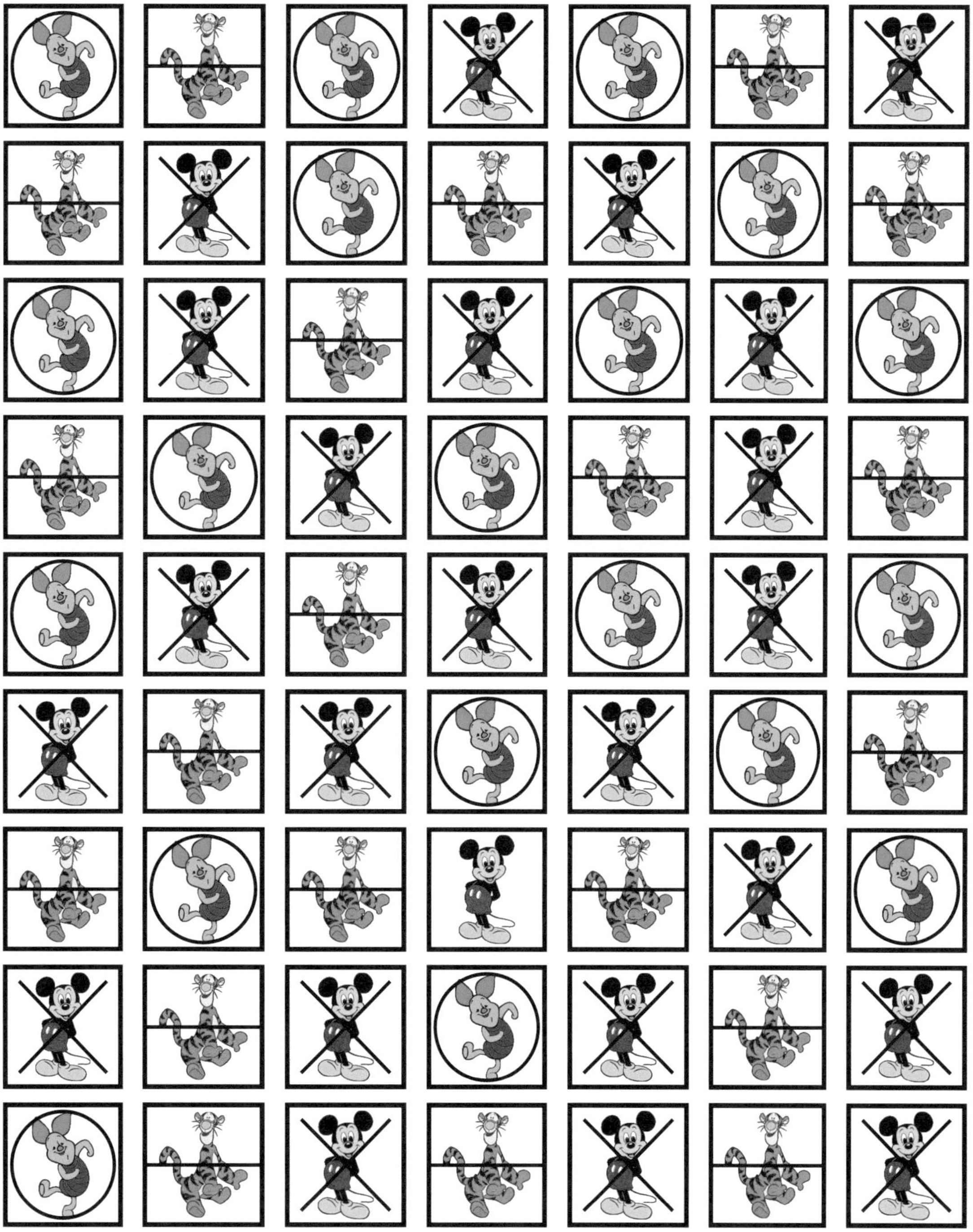

# Practice 2

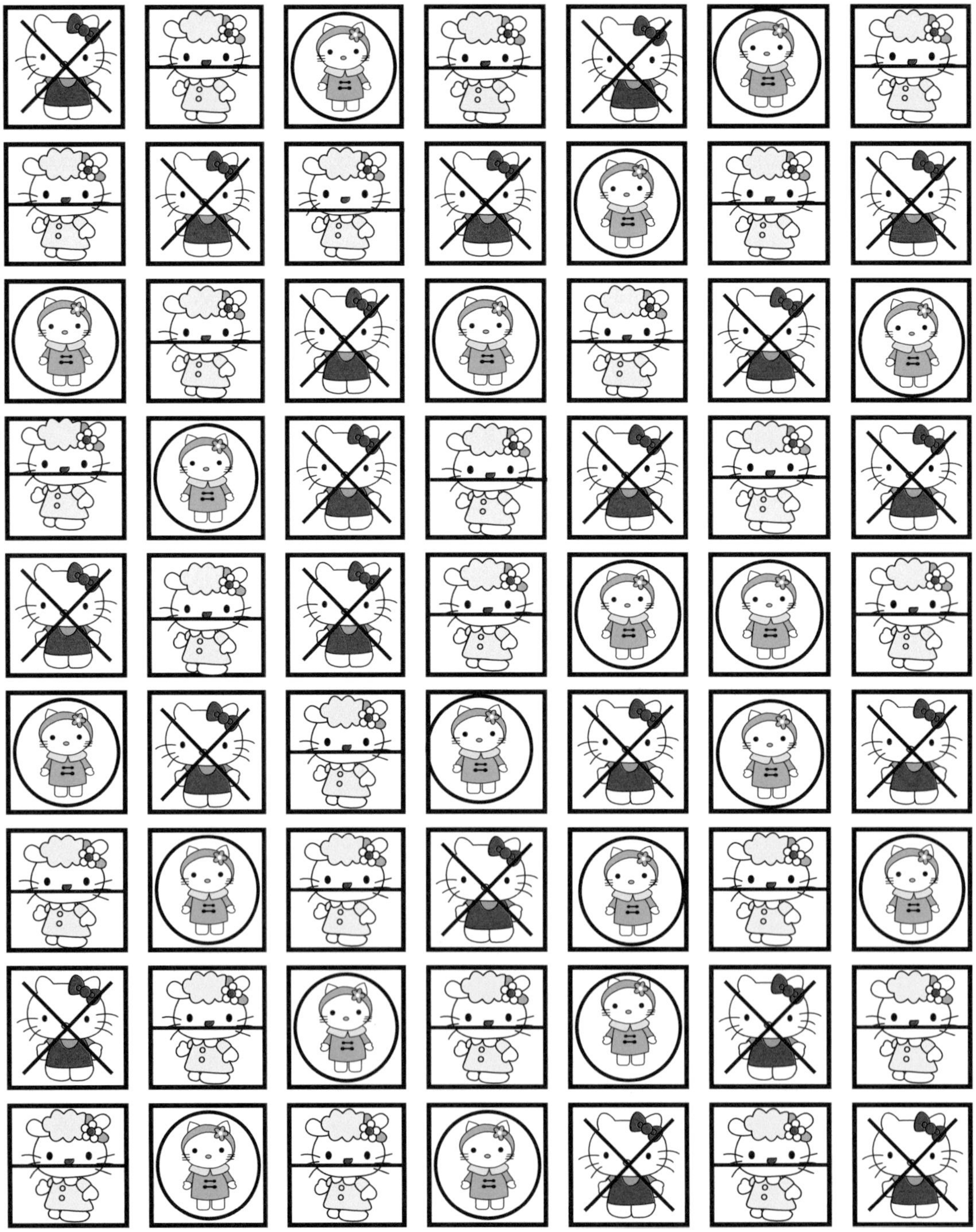

# Practice 3

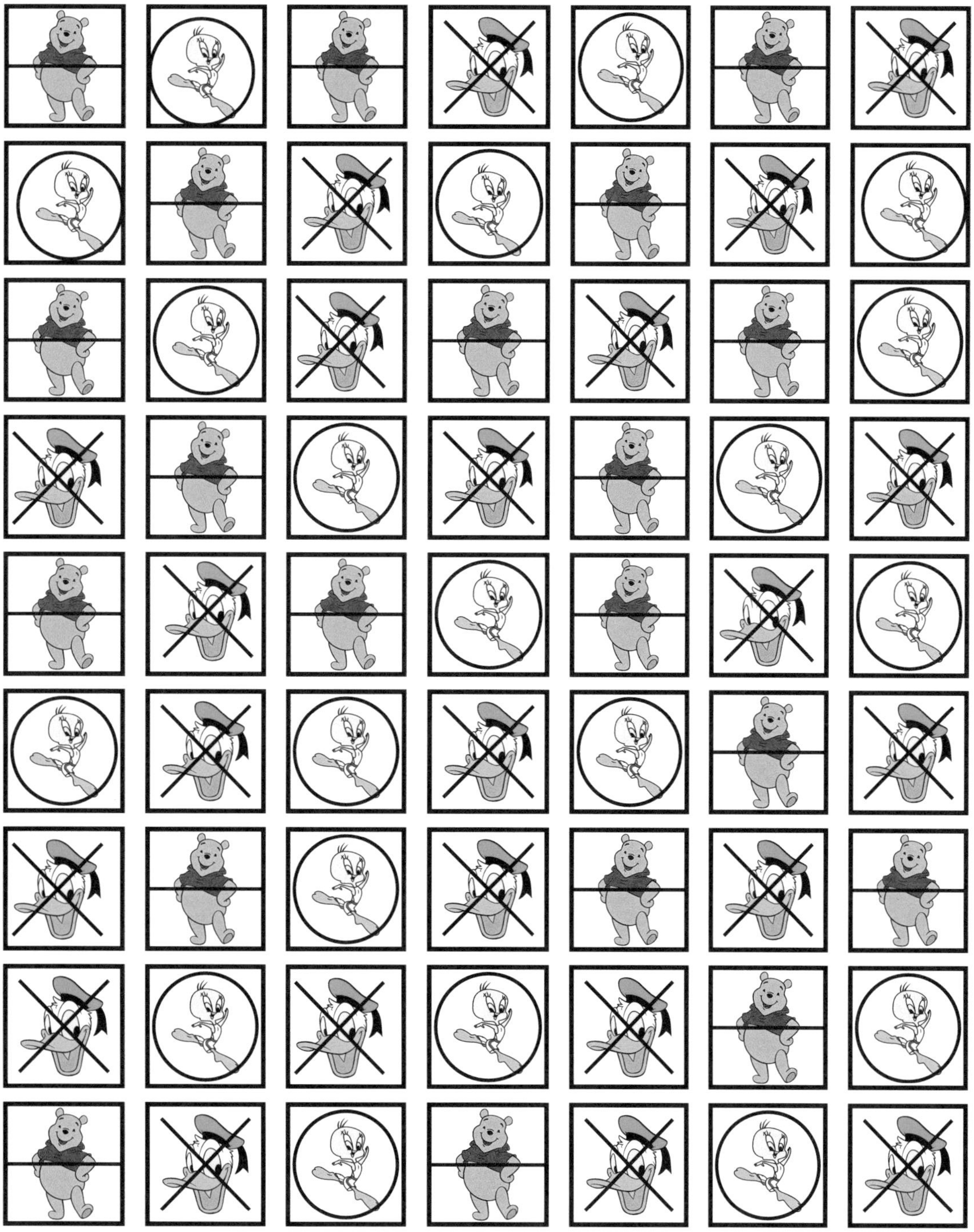

# Practice 4

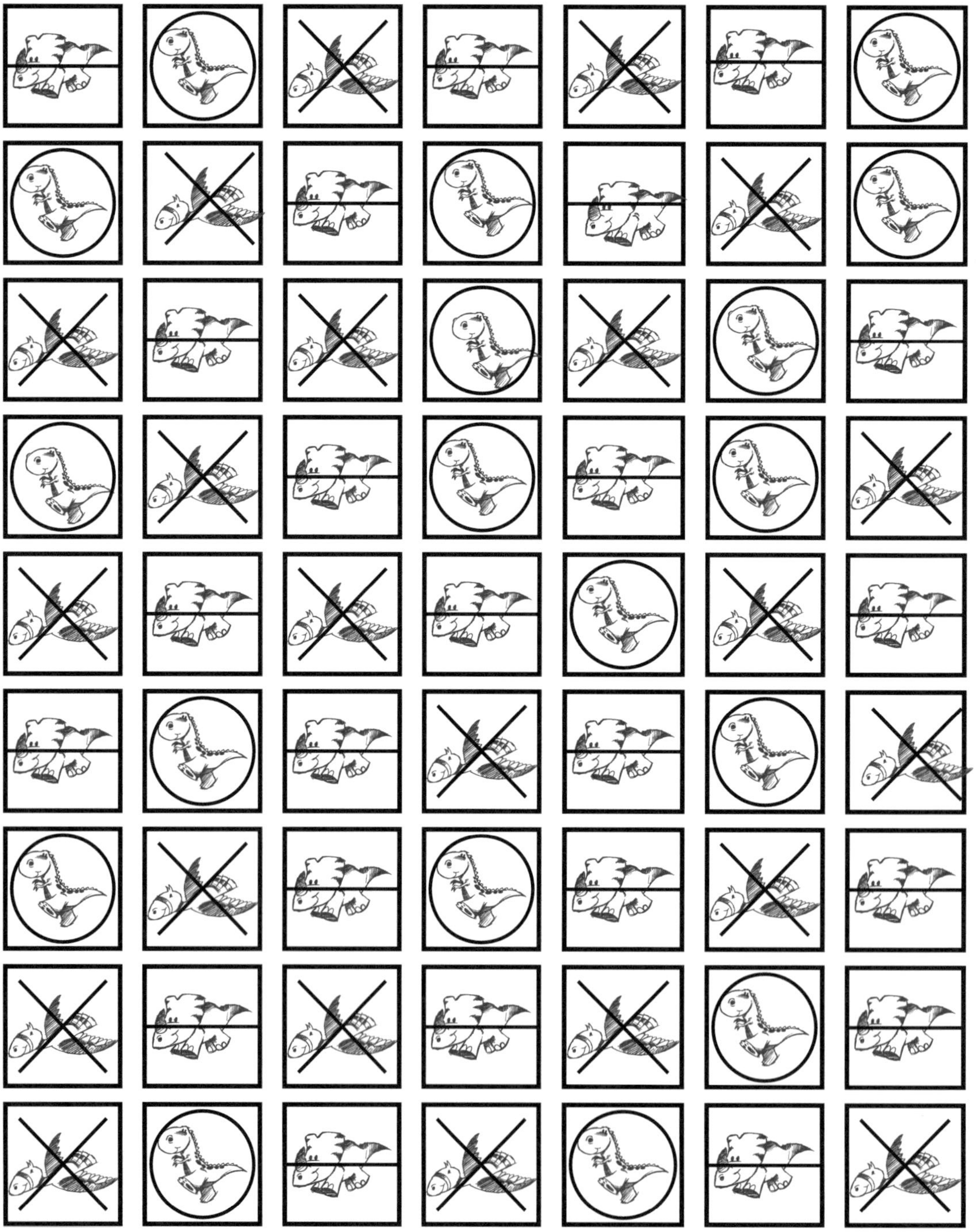

# Practice 1

| A | B | C | D | E | F | G |
|---|---|---|---|---|---|---|
| ✓ | \| | # | X | 5 | ♎ |  |

| F | A | D | F | E | A | F | G | F | B | D | G | A | F |
|---|---|---|---|---|---|---|---|---|---|---|---|---|---|
| | | | | | | | | | | | | | |

| B | E | C | F | B | G | D | B | A | G | F | A | C | C |
|---|---|---|---|---|---|---|---|---|---|---|---|---|---|
| | | | | | | | | | | | | | |

| E | D | A | F | E | C | G | E | B | F | A | D | G | C |
|---|---|---|---|---|---|---|---|---|---|---|---|---|---|
| | | | | | | | | | | | | | |

| A | B | D | A | C | G | A | C | F | A | E | C | F | B |
|---|---|---|---|---|---|---|---|---|---|---|---|---|---|
| | | | | | | | | | | | | | |

| B | G | E | A | E | D | B | D | E | C | A | B | F | A |
|---|---|---|---|---|---|---|---|---|---|---|---|---|---|
| | | | | | | | | | | | | | |

| C | F | B | D | A | E | G | D | A | B | F | C | D | F |
|---|---|---|---|---|---|---|---|---|---|---|---|---|---|
| | | | | | | | | | | | | | |

| A | D | F | C | F | A | D | C | A | B | C | D | A | F |
|---|---|---|---|---|---|---|---|---|---|---|---|---|---|
| | | | | | | | | | | | | | |

| D | F | A | C | F | A | G | F | B | A | G | F | F | E |
|---|---|---|---|---|---|---|---|---|---|---|---|---|---|
| | | | | | | | | | | | | | |

# Practice 2

| A | B | C | D | E | F | G |
|---|---|---|---|---|---|---|
| ♈ | ♓ | 7 | → | ⊘ | ↔ | 1 |

| A | B | D | A | C | G | A | C | F | A | E | C | F | B |
|---|---|---|---|---|---|---|---|---|---|---|---|---|---|
| | | | | | | | | | | | | | |

| D | F | A | C | F | A | G | F | B | A | G | F | F | E |
|---|---|---|---|---|---|---|---|---|---|---|---|---|---|
| | | | | | | | | | | | | | |

| B | G | E | A | E | D | B | D | E | C | A | B | F | A |
|---|---|---|---|---|---|---|---|---|---|---|---|---|---|
| | | | | | | | | | | | | | |

| G | A | C | D | A | C | B | F | A | G | B | E | C | D |
|---|---|---|---|---|---|---|---|---|---|---|---|---|---|
| | | | | | | | | | | | | | |

| F | A | D | F | E | A | F | G | F | B | D | G | A | F |
|---|---|---|---|---|---|---|---|---|---|---|---|---|---|
| | | | | | | | | | | | | | |

| B | E | C | F | B | G | D | B | A | G | F | A | C | C |
|---|---|---|---|---|---|---|---|---|---|---|---|---|---|
| | | | | | | | | | | | | | |

| E | D | A | F | E | C | G | E | B | F | A | D | G | C |
|---|---|---|---|---|---|---|---|---|---|---|---|---|---|
| | | | | | | | | | | | | | |

| C | F | B | D | A | E | G | D | A | B | F | C | D | F |
|---|---|---|---|---|---|---|---|---|---|---|---|---|---|
| | | | | | | | | | | | | | |

# Practice 3

| A | B | C | D | E | F | G |
|---|---|---|---|---|---|---|
| ╲● | ○ | 6 | J | △ | ≥ | 8 |

| A | B | D | A | C | G | A | C | F | A | E | C | F | B |
|---|---|---|---|---|---|---|---|---|---|---|---|---|---|
| | | | | | | | | | | | | | |

| D | F | A | C | F | A | G | F | B | A | G | F | F | E |
|---|---|---|---|---|---|---|---|---|---|---|---|---|---|
| | | | | | | | | | | | | | |

| B | G | E | A | E | D | B | D | E | C | A | B | F | A |
|---|---|---|---|---|---|---|---|---|---|---|---|---|---|
| | | | | | | | | | | | | | |

| G | A | C | D | A | C | B | F | A | G | B | E | C | D |
|---|---|---|---|---|---|---|---|---|---|---|---|---|---|
| | | | | | | | | | | | | | |

| F | A | D | F | E | A | F | G | F | B | D | G | A | F |
|---|---|---|---|---|---|---|---|---|---|---|---|---|---|
| | | | | | | | | | | | | | |

| B | E | C | F | B | G | D | B | A | G | F | A | C | C |
|---|---|---|---|---|---|---|---|---|---|---|---|---|---|
| | | | | | | | | | | | | | |

| E | D | A | F | E | C | G | E | B | F | A | D | G | C |
|---|---|---|---|---|---|---|---|---|---|---|---|---|---|
| | | | | | | | | | | | | | |

| C | F | B | D | A | E | G | D | A | B | F | C | D | F |
|---|---|---|---|---|---|---|---|---|---|---|---|---|---|
| | | | | | | | | | | | | | |

# Practice 4

| A | B | C | D | E | F | G |
|---|---|---|---|---|---|---|
|  | 9 |  |  | Z | 4 | D |

| B | G | E | A | E | D | B | D | E | C | A | B | F | A |
|---|---|---|---|---|---|---|---|---|---|---|---|---|---|
| | | | | | | | | | | | | | |

| D | F | A | C | F | A | G | F | B | A | G | F | F | E |
|---|---|---|---|---|---|---|---|---|---|---|---|---|---|
| | | | | | | | | | | | | | |

| A | B | D | A | C | G | A | C | F | A | E | C | F | B |
|---|---|---|---|---|---|---|---|---|---|---|---|---|---|
| | | | | | | | | | | | | | |

| C | F | B | D | A | E | G | D | A | B | F | C | D | F |
|---|---|---|---|---|---|---|---|---|---|---|---|---|---|
| | | | | | | | | | | | | | |

| E | D | A | F | E | C | G | E | B | F | A | D | G | C |
|---|---|---|---|---|---|---|---|---|---|---|---|---|---|
| | | | | | | | | | | | | | |

| B | E | C | F | B | G | D | B | A | G | F | A | C | C |
|---|---|---|---|---|---|---|---|---|---|---|---|---|---|
| | | | | | | | | | | | | | |

| A | D | F | C | F | A | D | C | A | B | C | D | A | F |
|---|---|---|---|---|---|---|---|---|---|---|---|---|---|
| | | | | | | | | | | | | | |

| F | A | D | F | E | A | F | G | F | B | D | G | A | F |
|---|---|---|---|---|---|---|---|---|---|---|---|---|---|
| | | | | | | | | | | | | | |

# Practice 1

| A | B | C | D | E | F | G |
|---|---|---|---|---|---|---|
| ✓ | ǀ | # | X | 5 | ♎ | ʌʌʌ |

| F | A | D | F | E | A | F | G | F | B | D | G | A | F |
|---|---|---|---|---|---|---|---|---|---|---|---|---|---|
| ♎ | ✓ | X | ♎ | 5 | ✓ | ♎ | ʌʌʌ | ♎ | ǀ | X | ʌʌʌ | ✓ | ♎ |

| B | E | C | F | B | G | D | B | A | G | F | A | C | C |
|---|---|---|---|---|---|---|---|---|---|---|---|---|---|
| ǀ | 5 | # | ♎ | ǀ | ʌʌʌ | X | ǀ | ✓ | ʌʌʌ | ♎ | ✓ | # | # |

| E | D | A | F | E | C | G | E | B | F | A | D | G | C |
|---|---|---|---|---|---|---|---|---|---|---|---|---|---|
| 5 | X | ✓ | ♎ | 5 | # | ʌʌʌ | 5 | ǀ | ♎ | ✓ | X | ʌʌʌ | # |

| A | B | D | A | C | G | A | C | F | A | E | C | F | B |
|---|---|---|---|---|---|---|---|---|---|---|---|---|---|
| ✓ | ǀ | X | ✓ | # | ʌʌʌ | ✓ | # | ♎ | ✓ | 5 | # | ♎ | ǀ |

| B | G | E | A | E | D | B | D | E | C | A | B | F | A |
|---|---|---|---|---|---|---|---|---|---|---|---|---|---|
| ǀ | ʌʌʌ | 5 | ✓ | 5 | X | ǀ | X | 5 | # | ✓ | ǀ | ♎ | ✓ |

| C | F | B | D | A | E | G | D | A | B | F | C | D | F |
|---|---|---|---|---|---|---|---|---|---|---|---|---|---|
| # | ♎ | ǀ | X | ✓ | 5 | ʌʌʌ | X | ✓ | ǀ | ♎ | # | X | ♎ |

| A | D | F | C | F | A | D | C | A | B | C | D | A | F |
|---|---|---|---|---|---|---|---|---|---|---|---|---|---|
| ✓ | X | ♎ | # | ♎ | ✓ | X | # | ✓ | ǀ | # | X | ✓ | ♎ |

| D | F | A | C | F | A | G | F | B | A | G | F | F | E |
|---|---|---|---|---|---|---|---|---|---|---|---|---|---|
| X | ♎ | ✓ | # | ♎ | ✓ | ʌʌʌ | ♎ | ǀ | ✓ | ʌʌʌ | ♎ | ♎ | 5 |

# Practice 2

| A | B | C | D | E | F | G |
|---|---|---|---|---|---|---|
| ♈ | ♓ | 7 | → | ⊘ | ↔ | 1 |

| A | B | D | A | C | G | A | C | F | A | E | C | F | B |
|---|---|---|---|---|---|---|---|---|---|---|---|---|---|
| ♈ | ♓ | → | ♈ | 7 | 1 | ♈ | 7 | ↔ | ♈ | ⊘ | 7 | ↔ | ♓ |

| D | F | A | C | F | A | G | F | B | A | G | F | F | E |
|---|---|---|---|---|---|---|---|---|---|---|---|---|---|
| → | ↔ | ♈ | 7 | ↔ | ♈ | 1 | ↔ | ♓ | ♈ | 1 | ↔ | ↔ | ⊘ |

| B | G | E | A | E | D | B | D | E | C | A | B | F | A |
|---|---|---|---|---|---|---|---|---|---|---|---|---|---|
| ♓ | 1 | ⊘ | ♈ | ⊘ | → | ♓ | → | ⊘ | 7 | ♈ | ♓ | ↔ | ♈ |

| G | A | C | D | A | C | B | F | A | G | B | E | C | D |
|---|---|---|---|---|---|---|---|---|---|---|---|---|---|
| 1 | ♈ | 7 | → | ♈ | 7 | ♓ | ↔ | ♈ | 1 | ♓ | ⊘ | 7 | → |

| F | A | D | F | E | A | F | G | F | B | D | G | A | F |
|---|---|---|---|---|---|---|---|---|---|---|---|---|---|
| ↔ | ♈ | → | ↔ | ⊘ | ♈ | ↔ | 1 | ↔ | ♓ | → | 1 | ♈ | ↔ |

| B | E | C | F | B | G | D | B | A | G | F | A | C | C |
|---|---|---|---|---|---|---|---|---|---|---|---|---|---|
| ♓ | ⊘ | 7 | ↔ | ♓ | 1 | → | ♓ | ♈ | 1 | ↔ | ♈ | 7 | 7 |

| E | D | A | F | E | C | G | E | B | F | A | D | G | C |
|---|---|---|---|---|---|---|---|---|---|---|---|---|---|
| ⊘ | → | ♈ | ↔ | ⊘ | 7 | 1 | ⊘ | ♓ | ↔ | ♈ | → | 1 | 7 |

| C | F | B | D | A | E | G | D | A | B | F | C | D | F |
|---|---|---|---|---|---|---|---|---|---|---|---|---|---|
| 7 | ↔ | ♓ | → | ♈ | ⊘ | 1 | → | ♈ | ♓ | ↔ | 7 | → | ↔ |

# Practice 3

| A | B | C | D | E | F | G |
|---|---|---|---|---|---|---|
| ╲● | ○ | 6 | J | △ | ≥ | 8 |

| A | B | D | A | C | G | A | C | F | A | E | C | F | B |
|---|---|---|---|---|---|---|---|---|---|---|---|---|---|
| ╲● | ○ | J | ╲● | 6 | 8 | ╲● | 6 | ≥ | ╲● | △ | 6 | ≥ | ○ |

| D | F | A | C | F | A | G | F | B | A | G | F | F | E |
|---|---|---|---|---|---|---|---|---|---|---|---|---|---|
| J | ≥ | ╲● | 6 | ≥ | ╲● | 8 | ≥ | ○ | ╲● | 8 | ≥ | ≥ | △ |

| B | G | E | A | E | D | B | D | E | C | A | B | F | A |
|---|---|---|---|---|---|---|---|---|---|---|---|---|---|
| ○ | 8 | △ | ╲● | △ | J | ○ | J | △ | 6 | ╲● | ○ | ≥ | ╲● |

| G | A | C | D | A | C | B | F | A | G | B | E | C | D |
|---|---|---|---|---|---|---|---|---|---|---|---|---|---|
| 8 | ╲● | 6 | J | ╲● | 6 | ○ | ≥ | ╲● | 8 | ○ | △ | 6 | J |

| F | A | D | F | E | A | F | G | F | B | D | G | A | F |
|---|---|---|---|---|---|---|---|---|---|---|---|---|---|
| ≥ | ╲● | J | ≥ | △ | ╲● | ≥ | 8 | ≥ | ○ | J | 8 | ╲● | ≥ |

| B | E | C | F | B | G | D | B | A | G | F | A | C | C |
|---|---|---|---|---|---|---|---|---|---|---|---|---|---|
| ○ | △ | 6 | ≥ | ○ | 8 | J | ○ | ╲● | 8 | ≥ | ╲● | 6 | 6 |

| E | D | A | F | E | C | G | E | B | F | A | D | G | C |
|---|---|---|---|---|---|---|---|---|---|---|---|---|---|
| △ | J | ╲● | ≥ | △ | 6 | 8 | △ | ○ | ≥ | ╲● | J | 8 | 6 |

| C | F | B | D | A | E | G | D | A | B | F | C | D | F |
|---|---|---|---|---|---|---|---|---|---|---|---|---|---|
| 6 | ≥ | ○ | J | ╲● | △ | 8 | J | ╲● | ○ | ≥ | 6 | J | ≥ |

# Practice 4

| A | B | C | D | E | F | G |
|---|---|---|---|---|---|---|
| ⬯ | 9 | ∩ | ◖ | Z | 4 | D |

| B | G | E | A | E | D | B | D | E | C | A | B | F | A |
|---|---|---|---|---|---|---|---|---|---|---|---|---|---|
| 9 | D | Z | ⬯ | Z | ◖ | 9 | ◖ | Z | ∩ | ⬯ | 9 | 4 | ⬯ |

| D | F | A | C | F | A | G | F | B | A | G | F | F | E |
|---|---|---|---|---|---|---|---|---|---|---|---|---|---|
| ◖ | 4 | ⬯ | ∩ | 4 | ⬯ | D | 4 | 9 | ⬯ | D | 4 | 4 | Z |

| A | B | D | A | C | G | A | C | F | A | E | C | F | B |
|---|---|---|---|---|---|---|---|---|---|---|---|---|---|
| ⬯ | 9 | ◖ | ⬯ | ∩ | D | ⬯ | ∩ | 4 | ⬯ | Z | ∩ | 4 | 9 |

| C | F | B | D | A | E | G | D | A | B | F | C | D | F |
|---|---|---|---|---|---|---|---|---|---|---|---|---|---|
| ∩ | 4 | 9 | ◖ | ⬯ | Z | D | ◖ | ⬯ | 9 | 4 | ∩ | ◖ | 4 |

| E | D | A | F | E | C | G | E | B | F | A | D | G | C |
|---|---|---|---|---|---|---|---|---|---|---|---|---|---|
| Z | ◖ | ⬯ | 4 | Z | ∩ | D | Z | 9 | 4 | ⬯ | ◖ | D | ∩ |

| B | E | C | F | B | G | D | B | A | G | F | A | C | C |
|---|---|---|---|---|---|---|---|---|---|---|---|---|---|
| 9 | Z | ∩ | 4 | 9 | D | ◖ | 9 | ⬯ | D | 4 | ⬯ | ∩ | ∩ |

| A | D | F | C | F | A | D | C | A | B | C | D | A | F |
|---|---|---|---|---|---|---|---|---|---|---|---|---|---|
| ⬯ | ◖ | 4 | ∩ | 4 | ⬯ | ◖ | ∩ | ⬯ | 9 | ∩ | ◖ | ⬯ | 4 |

| F | A | D | F | E | A | F | G | F | B | D | G | A | F |
|---|---|---|---|---|---|---|---|---|---|---|---|---|---|
| 4 | ⬯ | ◖ | 4 | Z | ⬯ | 4 | D | 4 | 9 | ◖ | D | ⬯ | 4 |

## Practice Exercise #1

| | | | |
|---|---|---|---|
| 1 |  | Y | N |
| 2 |  | Y | N |
| 3 |  | Y | N |
| 4 |  | Y | N |
| 5 |  | Y | N |
| 6 |  | Y | N |
| 7 |  | Y | N |
| 8 |  | Y | N |
| 9 |  | Y | N |
| 10 |  | Y | N |
| 11 |  | Y | N |
| 12 |  | Y | N |
| 13 |  | Y | N |
| 14 |  | Y | N |
| 15 |  | Y | N |
| 16 |  | Y | N |
| 17 |  | Y | N |
| 18 |  | Y | N |
| 19 |  | Y | N |
| 20 |  | Y | N |

## Practice Exercise #2

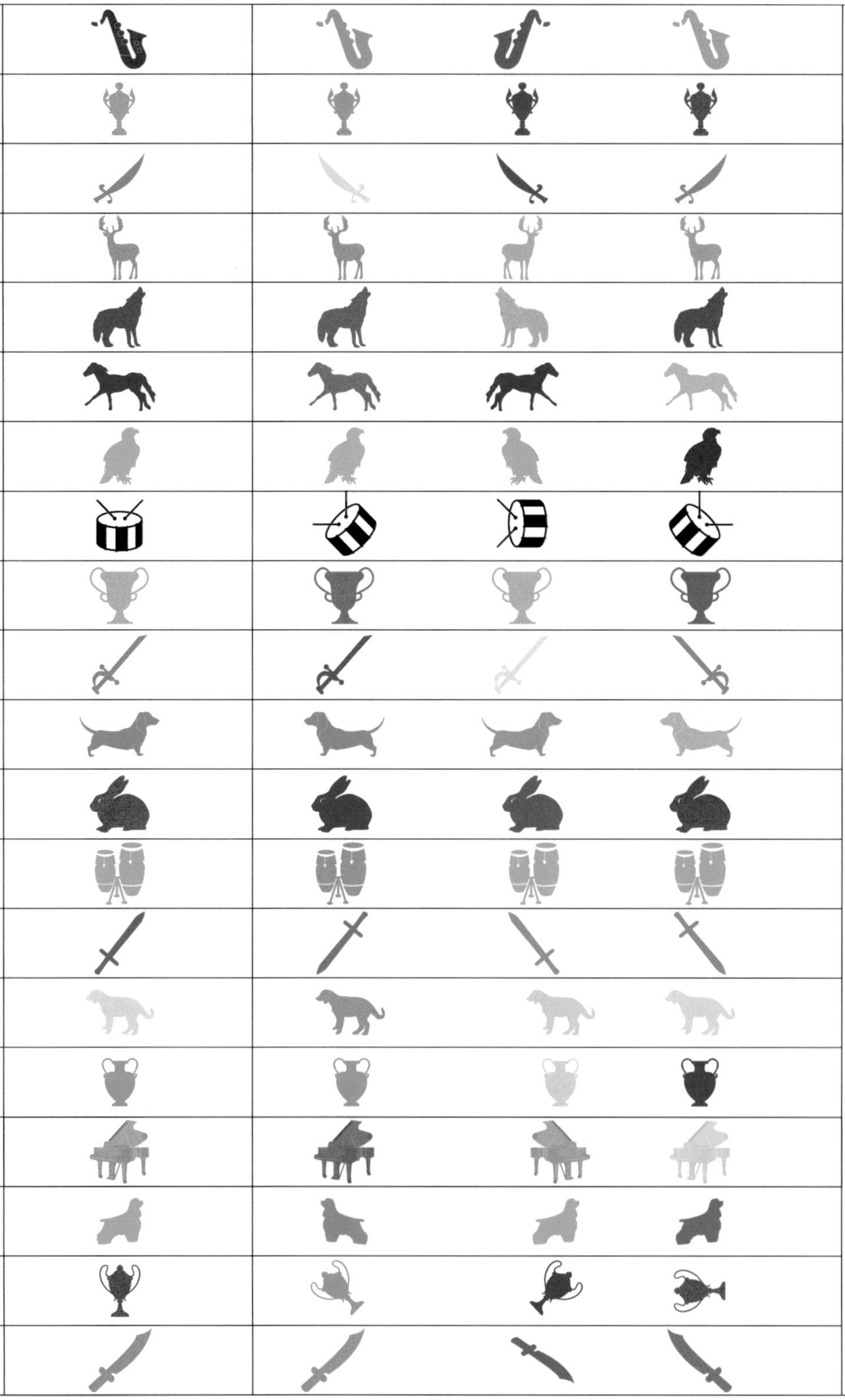

| | | |
|---|---|---|
| 1 | Y | N |
| 2 | Y | N |
| 3 | Y | N |
| 4 | Y | N |
| 5 | Y | N |
| 6 | Y | N |
| 7 | Y | N |
| 8 | Y | N |
| 9 | Y | N |
| 10 | Y | N |
| 11 | Y | N |
| 12 | Y | N |
| 13 | Y | N |
| 14 | Y | N |
| 15 | Y | N |
| 16 | Y | N |
| 17 | Y | N |
| 18 | Y | N |
| 19 | Y | N |
| 20 | Y | N |

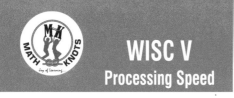

## Practice Exercise #3

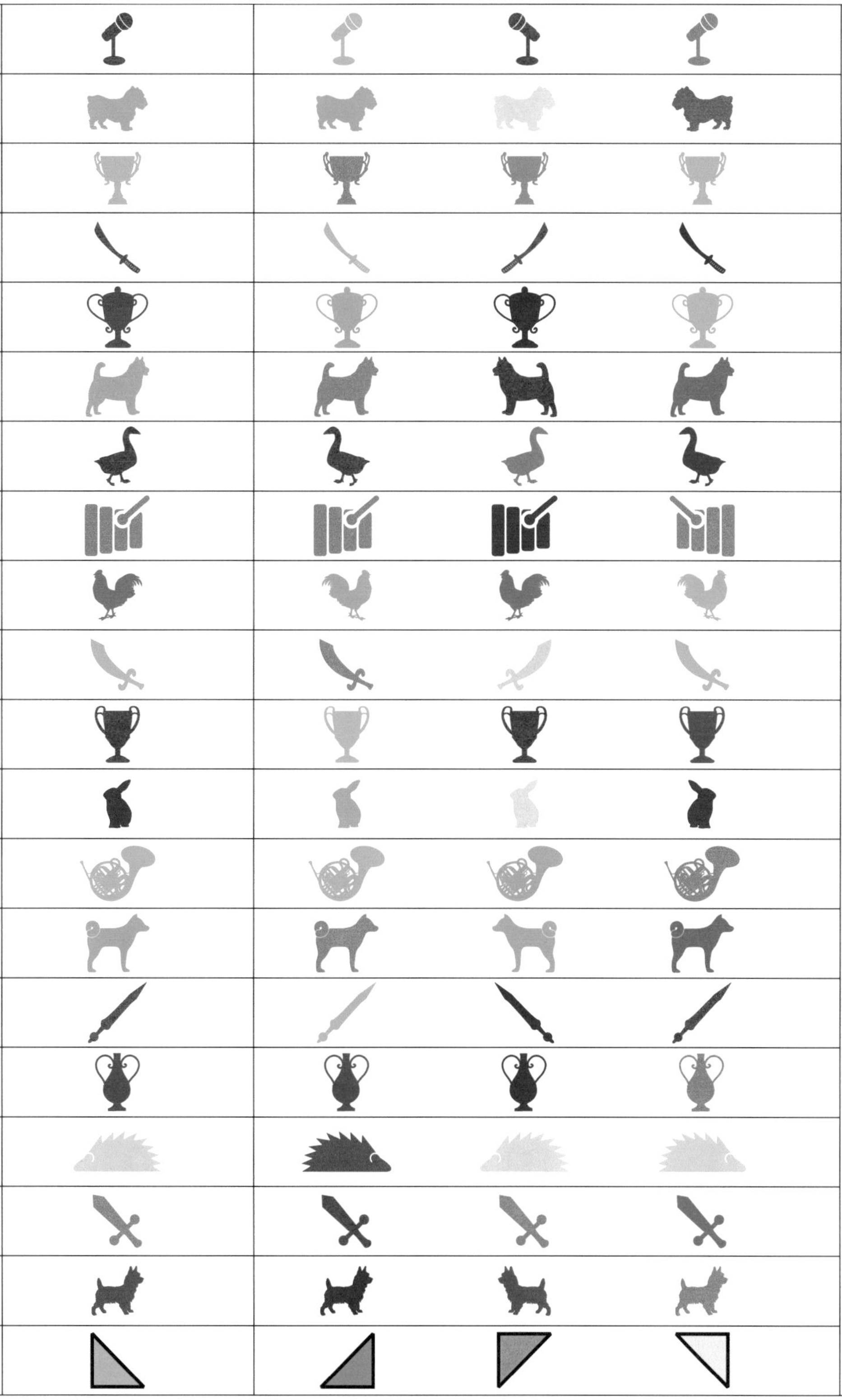

| | | |
|---|---|---|
| 1 | Y | N |
| 2 | Y | N |
| 3 | Y | N |
| 4 | Y | N |
| 5 | Y | N |
| 6 | Y | N |
| 7 | Y | N |
| 8 | Y | N |
| 9 | Y | N |
| 10 | Y | N |
| 11 | Y | N |
| 12 | Y | N |
| 13 | Y | N |
| 14 | Y | N |
| 15 | Y | N |
| 16 | Y | N |
| 17 | Y | N |
| 18 | Y | N |
| 19 | Y | N |
| 20 | Y | N |

# Practice Exercise #4

| | | | |
|---|---|---|---|
| 1 |  | Y | N |
| 2 |  | Y | N |
| 3 |  | Y | N |
| 4 |  | Y | N |
| 5 |  | Y | N |
| 6 |  | Y | N |
| 7 |  | Y | N |
| 8 |  | Y | N |
| 9 |  | Y | N |
| 10 |  | Y | N |
| 11 |  | Y | N |
| 12 |  | Y | N |
| 13 |  | Y | N |
| 14 |  | Y | N |
| 15 |  | Y | N |
| 16 |  | Y | N |
| 17 |  | Y | N |
| 18 |  | Y | N |
| 19 |  | Y | N |
| 20 |  | Y | N |

# Practice Exercise #5

| | | | |
|---|---|---|---|
| 1 |  | Y | N |
| 2 |  | Y | N |
| 3 |  | Y | N |
| 4 |  | Y | N |
| 5 |  | Y | N |
| 6 |  | Y | N |
| 7 |  | Y | N |
| 8 |  | Y | N |
| 9 |  | Y | N |
| 10 |  | Y | N |
| 11 |  | Y | N |
| 12 |  | Y | N |
| 13 |  | Y | N |
| 14 |  | Y | N |
| 15 |  | Y | N |
| 16 |  | Y | N |
| 17 |  | Y | N |
| 18 |  | Y | N |
| 19 |  | Y | N |
| 20 |  | Y | N |

# Symbol Search A Answer Keys

| Question # | Exercise 1 | Exercise 2 | Exercise 3 | Exercise 4 | Exercise 5 |
|---|---|---|---|---|---|
| 1 | N | N | N | N | N |
| 2 | N | N | Y | Y | Y |
| 3 | N | Y | Y | Y | N |
| 4 | Y | Y | N | N | Y |
| 5 | N | Y | N | Y | N |
| 6 | N | N | N | Y | Y |
| 7 | N | N | N | N | Y |
| 8 | Y | N | Y | N | N |
| 9 | N | Y | Y | N | N |
| 10 | Y | N | Y | N | N |
| 11 | N | N | Y | N | N |
| 12 | N | N | N | N | N |
| 13 | Y | Y | Y | N | Y |
| 14 | N | N | N | Y | N |
| 15 | N | Y | Y | N | Y |
| 16 | Y | Y | Y | Y | N |
| 17 | N | N | N | N | Y |
| 18 | Y | Y | Y | Y | N |
| 19 | N | N | N | Y | Y |
| 20 | N | Y | N | Y | N |

## Practice Exercise #1

| | | | |
|---|---|---|---|
| 1 |  | Y | N |
| 2 |  | Y | N |
| 3 |  | Y | N |
| 4 |  | Y | N |
| 5 |  | Y | N |
| 6 |  | Y | N |
| 7 |  | Y | N |
| 8 |  | Y | N |
| 9 |  | Y | N |
| 10 |  | Y | N |
| 11 |  | Y | N |
| 12 |  | Y | N |
| 13 |  | Y | N |
| 14 |  | Y | N |
| 15 |  | Y | N |
| 16 |  | Y | N |
| 17 |  | Y | N |
| 18 |  | Y | N |
| 19 | 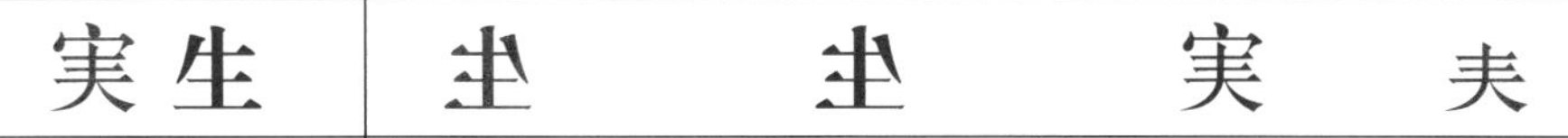 | Y | N |
| 20 | 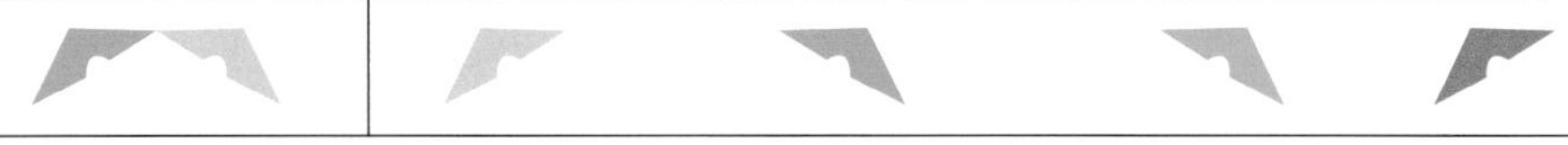 | Y | N |

## Practice Exercise #2

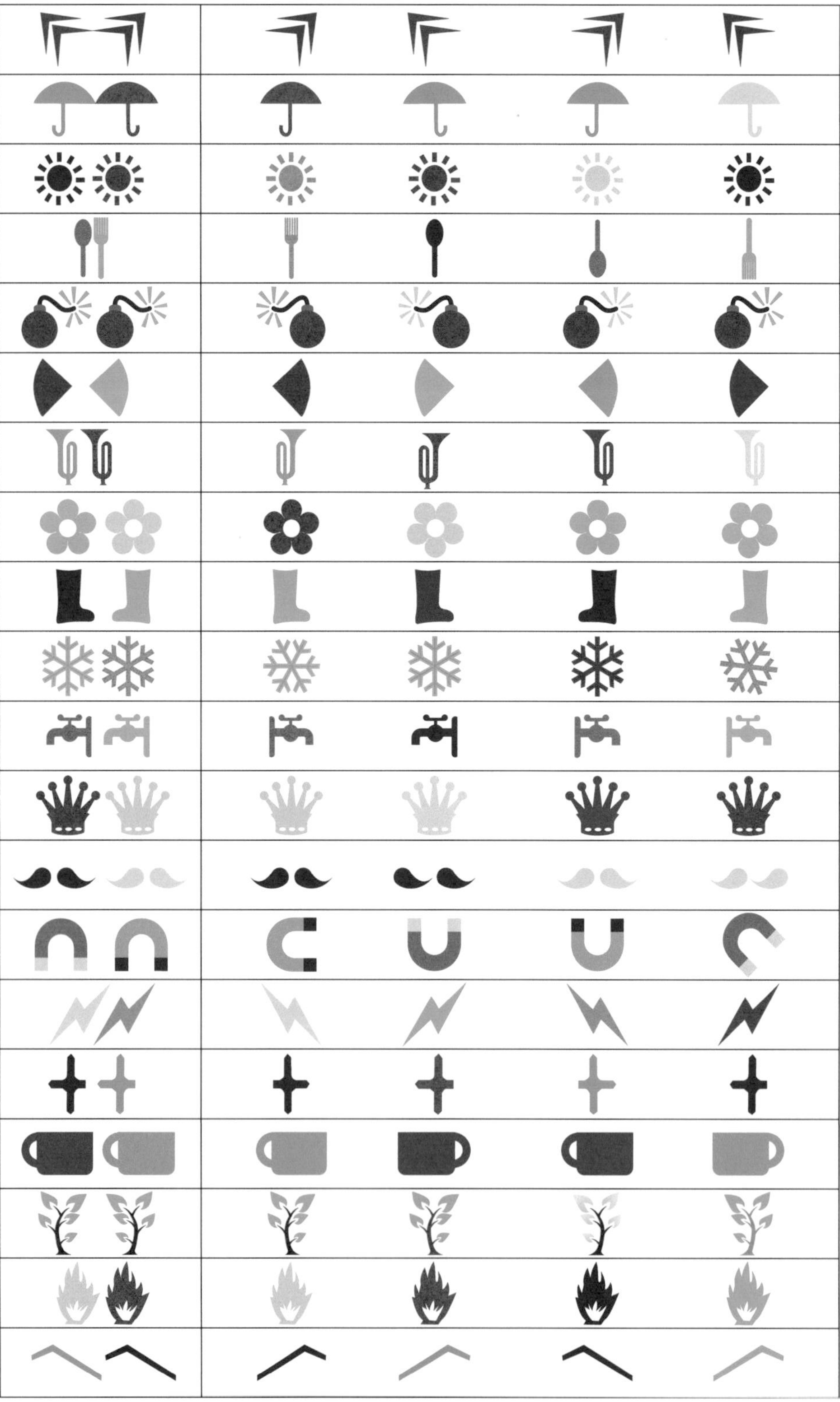

| | | | |
|---|---|---|---|
| 1 | | | Y N |
| 2 | | | Y N |
| 3 | | | Y N |
| 4 | | | Y N |
| 5 | | | Y N |
| 6 | | | Y N |
| 7 | | | Y N |
| 8 | | | Y N |
| 9 | | | Y N |
| 10 | | | Y N |
| 11 | | | Y N |
| 12 | | | Y N |
| 13 | | | Y N |
| 14 | | | Y N |
| 15 | | | Y N |
| 16 | | | Y N |
| 17 | | | Y N |
| 18 | | | Y N |
| 19 | | | Y N |
| 20 | | | Y N |

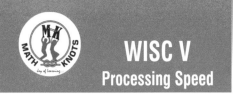

## Practice Exercise #3

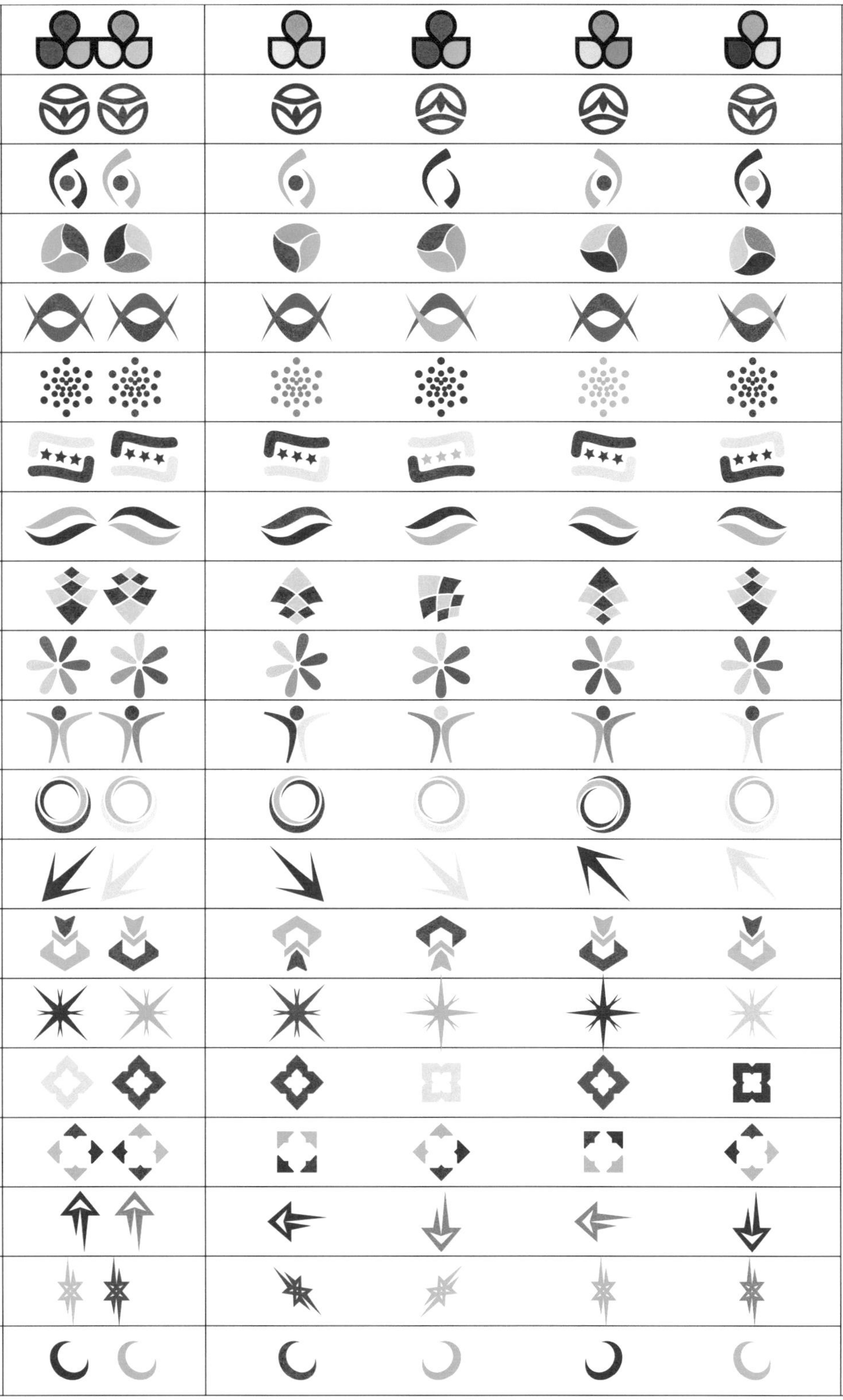

| | | |
|---|---|---|
| 1 | Y | N |
| 2 | Y | N |
| 3 | Y | N |
| 4 | Y | N |
| 5 | Y | N |
| 6 | Y | N |
| 7 | Y | N |
| 8 | Y | N |
| 9 | Y | N |
| 10 | Y | N |
| 11 | Y | N |
| 12 | Y | N |
| 13 | Y | N |
| 14 | Y | N |
| 15 | Y | N |
| 16 | Y | N |
| 17 | Y | N |
| 18 | Y | N |
| 19 | Y | N |
| 20 | Y | N |

## Practice Exercise #4

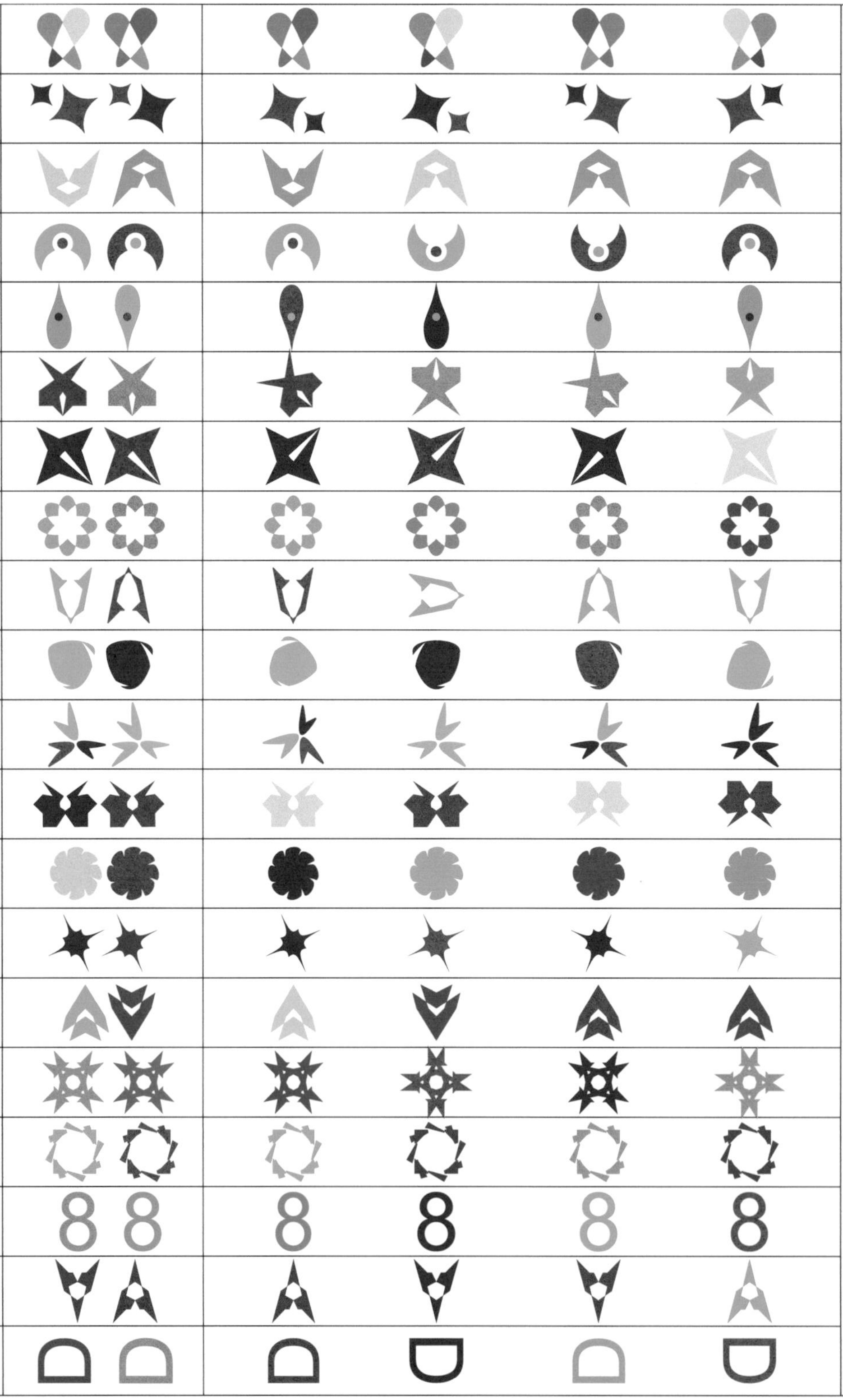

| | | | |
|---|---|---|---|
| 1 | | | Y N |
| 2 | | | Y N |
| 3 | | | Y N |
| 4 | | | Y N |
| 5 | | | Y N |
| 6 | | | Y N |
| 7 | | | Y N |
| 8 | | | Y N |
| 9 | | | Y N |
| 10 | | | Y N |
| 11 | | | Y N |
| 12 | | | Y N |
| 13 | | | Y N |
| 14 | | | Y N |
| 15 | | | Y N |
| 16 | | | Y N |
| 17 | | | Y N |
| 18 | | | Y N |
| 19 | | | Y N |
| 20 | | | Y N |

# Practice Exercise #5

| | | | | |
|---|---|---|---|---|
| 1 | | | Y | N |
| 2 | | | Y | N |
| 3 | | | Y | N |
| 4 | | | Y | N |
| 5 | | | Y | N |
| 6 | | | Y | N |
| 7 | | | Y | N |
| 8 | | | Y | N |
| 9 | | | Y | N |
| 10 | | | Y | N |
| 11 | | | Y | N |
| 12 | | | Y | N |
| 13 | | | Y | N |
| 14 | | | Y | N |
| 15 | | | Y | N |
| 16 | | | Y | N |
| 17 | | | Y | N |
| 18 | | | Y | N |
| 19 | | | Y | N |
| 20 | | | Y | N |

# Symbol Search B Answer Keys

| Question # | Exercise 1 | Exercise 2 | Exercise 3 | Exercise 4 | Exercise 5 |
|---|---|---|---|---|---|
| 1 | Y | Y | Y | Y | Y |
| 2 | Y | Y | Y | Y | Y |
| 3 | N | Y | Y | Y | N |
| 4 | N | N | N | Y | Y |
| 5 | N | Y | Y | N | N |
| 6 | N | N | Y | N | Y |
| 7 | Y | N | Y | N | N |
| 8 | Y | N | N | Y | Y |
| 9 | N | Y | Y | N | N |
| 10 | N | N | Y | N | N |
| 11 | Y | N | N | N | Y |
| 12 | Y | Y | Y | Y | N |
| 13 | Y | Y | N | N | Y |
| 14 | Y | N | Y | Y | N |
| 15 | N | N | N | Y | Y |
| 16 | Y | Y | Y | N | Y |
| 17 | N | Y | N | Y | N |
| 18 | Y | Y | N | N | N |
| 19 | N | Y | N | Y | Y |
| 20 | N | N | N | N | Y |

# Practice Test 1

# Practice Test 2

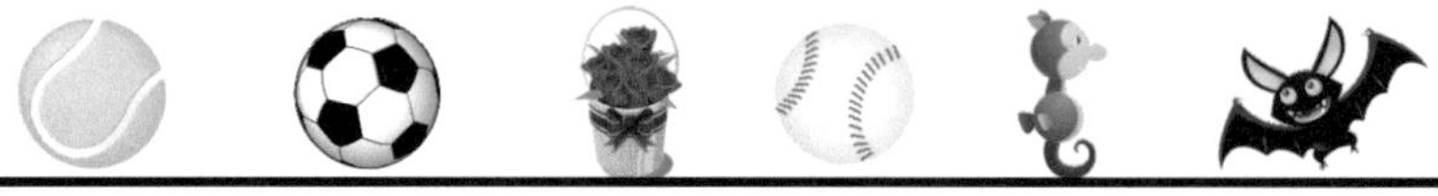

## Practice Test 3

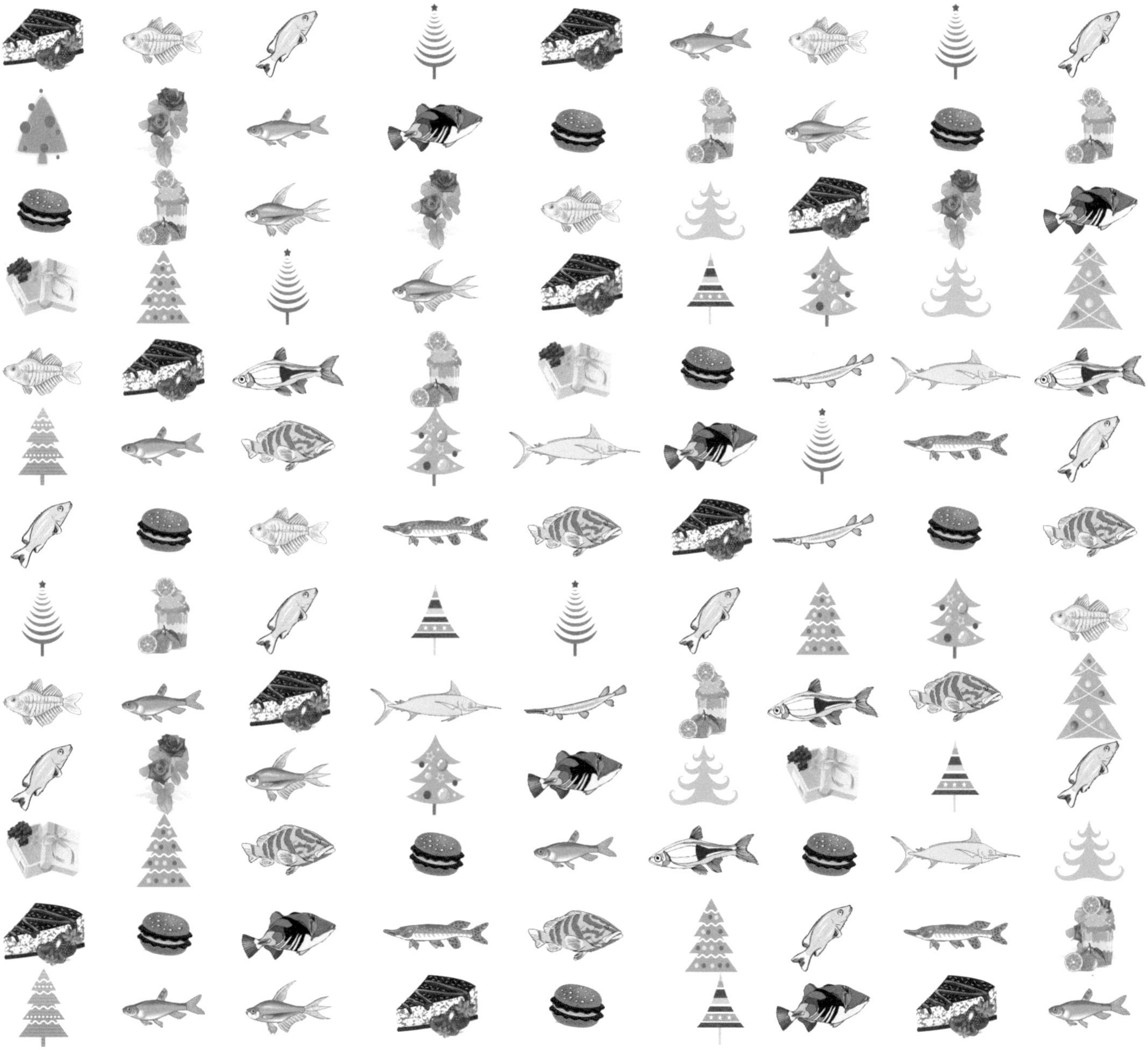

# Practice Test 4

# Practice Test 5

# Practice Test 1

# Practice Test 2

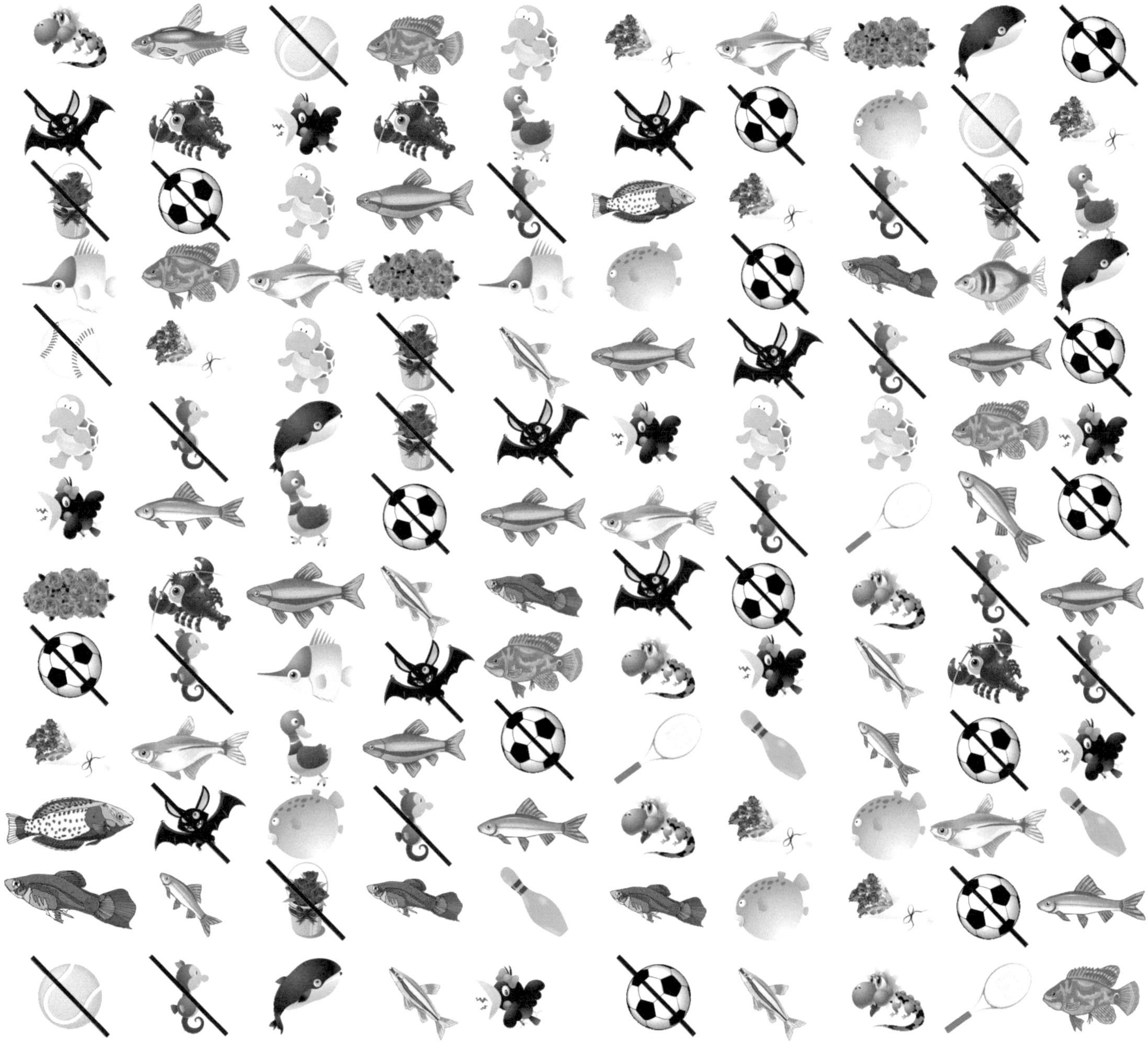

# Practice Test 3

# Practice Test 4

# Practice Test 5